Pesquisa em educação
Abordagens qualitativas

O GEN | Grupo Editorial Nacional – maior plataforma editorial brasileira no segmento científico, técnico e profissional – publica conteúdos nas áreas de ciências humanas, exatas, jurídicas, da saúde e sociais aplicadas, além de prover serviços direcionados à educação continuada e à preparação para concursos.

As editoras que integram o GEN, das mais respeitadas no mercado editorial, construíram catálogos inigualáveis, com obras decisivas para a formação acadêmica e o aperfeiçoamento de várias gerações de profissionais e estudantes, tendo se tornado sinônimo de qualidade e seriedade.

A missão do GEN e dos núcleos de conteúdo que o compõem é prover a melhor informação científica e distribuí-la de maneira flexível e conveniente, a preços justos, gerando benefícios e servindo a autores, docentes, livreiros, funcionários, colaboradores e acionistas.

Nosso comportamento ético incondicional e nossa responsabilidade social e ambiental são reforçados pela natureza educacional de nossa atividade e dão sustentabilidade ao crescimento contínuo e à rentabilidade do grupo.

Pesquisa em educação
Abordagens qualitativas

2ª Edição

Menga Lüdke
Marli E. D. A. André

■ As autoras deste livro e a editora empenharam seus melhores esforços para assegurar que as informações e os procedimentos apresentados no texto estejam em acordo com os padrões aceitos à época da publicação, *e todos os dados foram atualizados pelas autoras até a data de fechamento do livro*. Entretanto, tendo em conta a evolução das ciências, as atualizações legislativas, as mudanças regulamentares governamentais e o constante fluxo de novas informações sobre os temas que constam do livro, recomendamos enfaticamente que os leitores consultem sempre outras fontes fidedignas, de modo a se certificarem de que as informações contidas no texto estão corretas e de que não houve alterações nas recomendações ou na legislação regulamentadora.

■ As autoras e a editora se empenharam para citar adequadamente e dar o devido crédito a todos os detentores de direitos autorais de qualquer material utilizado neste livro, dispondo-se a possíveis acertos posteriores caso, inadvertida e involuntariamente, a identificação de algum deles tenha sido omitida.

■ **Atendimento ao cliente: (11) 5080-0751 | faleconosco@grupogen.com.br**

■ Direitos exclusivos para a língua portuguesa
Copyright © 2020 by Menga Lüdke e Marli E.D.A André
LTC – Livros Técnicos e Científicos Editora Ltda.
Uma editora integrante do GEN | Grupo Editorial Nacional
Travessa do Ouvidor, 11
Rio de Janeiro, RJ – CEP 20040-040
www.grupogen.com.br

Reservados todos os direitos. É proibida a duplicação ou reprodução deste volume, no todo ou em parte, em quaisquer formas ou por quaisquer meios (eletrônico, mecânico, gravação, fotocópia, distribuição pela Internet ou outros), sem permissão expressa da editora.

■ Capa: Studio Creamcrackers

■ Editoração eletrônica: Anthares

■ Ficha catalográfica

CIP-BRASIL.CATALOGAÇÃO-NA-FONTE
SINDICATO NACIONAL DOS EDITORES DE LIVROS, RJ

L975p

Lüdke, Menga.
Pesquisa em educação: abordagens qualitativas / Menga Lüdke, Marli E. D. A. André. - [2. ed].
- [Reimpr.]. - Rio de Janeiro : E.P.U., 2022.
21 cm

ISBN 978-85-216-2250-5

1. Educação - Brasil 2. Pesquisa educacional 3. Metodologia. I. André, Marli Eliza Dalmazo Afonso de. II. Título.

13-0508.   CDD: 370.981
                                            CDU: 37(81)

Sobre as autoras

Menga Lüdke é professora titular da Pontifícia Universidade Católica do Rio de Janeiro (PUC-Rio) e da Universidade Católica de Petrópolis (UCP). Doutorado em Sociologia na Universidade de Paris X, pós-doutorado na Universidade da Califórnia, Berkeley, e no Instituto de Educação da Universidade de Londres. A autora tem longa experiência no desenvolvimento de trabalhos de pesquisa e no ensino da disciplina Metodologia da Pesquisa Educacional.

Marli E. D. André é professora e pesquisadora no Programa de Estudos Pós-Graduados em Educação: Psicologia da Educação, da Pontifícia Universidade Católica de São Paulo (PUC-SP). Ph.D. em Educação, área de Psicologia da Educação, pela Universidade de Illinois. Fez o pós-doutoramento no Center for Instructional Research and Curriculum Evaluation (CIRCE) da Universidade de Illinois, quando realizou estudos e pesquisas na área de Métodos Qualitativos. A autora tem obras publicadas sobre o assunto, além de participar do comitê editorial de vários periódicos.

Prefácio à 2ª Edição

Com sua primeira publicação em 1986, nosso livro chega agora a sua segunda edição, tendo entretanto recebido várias reimpressões ao longo desses 27 anos. Era uma decisão clara da editora então responsável, a E.P.U., não fazer nova edição enquanto o livro não passasse por substanciais transformações. E, de fato, ele foi fazendo sua carreira, servindo aos leitores a quem se destinara originalmente, sem requerer alterações que justificassem nova edição aos olhos dos editores. Agora, frente à exigência de adaptação às novas normas ortográficas e sob nova direção editorial, como autoras fomos solicitadas a nos pronunciar sobre a proposta de nova edição para o livro. Depois de um período de longa reflexão, no qual pudemos consultar alunos, exalunos e colegas que conhecem bem o livro, tendo se servido dele em sua própria formação e na de futuros pesquisadores, resolvemos que não deveríamos proceder a um trabalho de alterações ou mesmo complementações à sua forma original. Sabemos que ele não cobre várias modalidades e estratégias de trabalho com a pesquisa de abordagens qualitativas, hoje bastante desenvolvidas, como, entre outras, os grupos focais, o estudo de narrativas, as várias estratégias para a análise do discurso, os inúmeros recursos para tratamento de dados qualitativos com auxílio de programas computacionais. Essas e outras modalidades de trabalho, com a pesquisa em educação, encontram-se disponíveis na literatura específica, cada vez mais volumosa. Entretanto, as bases conceituais que acompanharam a entrada das abordagens qualitativas

viii | Prefácio à 2ª Edição

na pesquisa em educação, bem como suas principais modalidades - a pesquisa etnográfica, o estudo de caso e seus instrumentos de trabalho mais frequentes, a entrevista, a observação, a análise de documentos - continuam muito presentes e muito próximas da apresentação que deles fizemos em nossa primeira edição. Decidimos, então, deixá-la tal como foi feita originalmente, inclusive porque ela traz uma marca do seu tempo, que é importante preservar. Ela respondia à necessidade urgente de obras que pudessem, na época, ajudar professores e estudantes dos cursos de educação a se introduzirem na pesquisa nessa área, em suas novas modalidades sob as abordagens qualitativas. Para nossa surpresa, não apenas professores e estudantes de cursos de graduação em educação, os primeiros destinatários do livro, segundo a demanda dos editores, mas também aqueles ligados a cursos de pós-graduação passaram a utilizá-lo ao longo de suas repetidas reimpressões. Isso, não apenas na área da educação, mas também em outras áreas das ciências humanas, como serviço social, enfermagem e mesmo medicina.

A preocupação que provocou a produção do livro nos anos de 1980, a preparação dos pesquisadores da educação com recursos mais adequados para enfrentar seus grandes problemas, continua tão viva hoje como naquela época. Precisamos muito de professores que sejam pesquisadores e de pesquisadores que sejam professores, em todos os níveis em que a educação se exerce. A natureza do fenômeno e, portanto, dos problemas da educação requer um atendimento, pelo trabalho de pesquisa, que contemple sua especificidade, como é feito pelos recursos das abordagens qualitativas. Elas mostraram, ao longo das três últimas décadas, suas possibilidades de ir ao encontro desses problemas de modo efetivo, contanto que se mantenham os cuidados e exigências sempre requeridos em todo tipo de pesquisa. As modalidades da pesquisa de abordagem qualitativa têm forte dependência em relação ao pesquisador, considerado seu principal instrumento. Sobre ele recai uma enorme responsabilidade em relação à qualidade de sua pesquisa, o que deixa em evidência a importância de sua qualificação e de seu próprio desempenho. A grande popularidade dessas modalidades entre nós não deve vir desacompanhada de uma atenção especial a esse aspecto, que recobre todo o desenvolvimento da pesquisa.

Decidimos, portanto, deixar o texto em sua forma original, inclusive nas ilustrações, que trazem exemplos de pesquisas que procuraram soluções para as exigências das novas modalidades de pesquisa. Como essas ilustrações se referem a características do sistema educacional dos anos de 1980, não seria conveniente proceder a uma adaptação à nomenclatura do sistema atual. As marcas da época da primeira publicação não comprometem a compreensão da importância dos tipos de pesquisa então propostos e atuais até hoje. É o que esperamos.

As Autoras

Prefácio à 1ª Edição

Este livro pretende contribuir para o preenchimento de uma grande lacuna em nossa vida universitária: a falta de obras que se destinem à introdução do estudante de graduação à concepção e aos trabalhos de pesquisa em educação, dentro das abordagens qualitativas. Ele se endereça, portanto, aos alunos e aos professores dos cursos de graduação, pretendendo fornecer-lhes subsídios para o trabalho de pesquisa. Esperamos que ele possa ser útil também aos que atuam nas escolas da educação básica, pois aí se situam, a nosso ver, os principais e mais urgentes problemas a serem enfrentados pelo trabalho de pesquisa em educação hoje.

Animou-nos a enfrentar o desafio lançado pela E.P.U. a nossa experiência no ensino de metodologia da pesquisa em educação. Durante vários anos temos desenvolvido essa tarefa, o que nos tem dado oportunidade para avaliar o material bibliográfico disponível, em confronto com as necessidades apresentadas por nossos estudantes que já exercem, ou irão exercer, o magistério em seus diferentes níveis, assim como outras funções dentro do campo da educação. Essa experiência nos revela de maneira clara a necessidade de material especificamente elaborado para o trabalho com nossos problemas atuais de educação.

Para a elaboração do livro, os Capítulos 1 e 5 ficaram a cargo de Menga e os Capítulos 2 e 4 a cargo de Marli. O Capítulo 3 foi elaborado em conjunto, ficando a parte sobre entrevista por conta de

xii | Prefácio à 1ª Edição

Menga. A bibliografia apresentada ao final também foi elaborada em conjunto.

Esperamos poder contribuir para o desenvolvimento dos recursos metodológicos da pesquisa em educação numa perspectiva ainda pouco explorada, embora muito necessária: a das abordagens qualitativas. Tratando-se de um campo de abertura relativamente recente, é natural que aí se encontrem muitos pontos obscuros e mesmo controversos. Não pretendemos resolver todos os problemas aí envolvidos, mas apenas contribuir com alguns elementos que ampliem a sua discussão.

As Autoras

Sumário

Sobre as autoras v

Prefácio à 2ª edição vii

Prefácio à 1ª edição xi

1. **Evolução da pesquisa em educação** 1
   Referências bibliográficas 11

2. **Abordagens qualitativas de pesquisa: a pesquisa etnográfica e o estudo de caso** 12
   2.1 A abordagem etnográfica na pesquisa educacional 15
      2.1.1 Pressupostos 17
      2.1.2 Método 17
      2.1.3 Papel do observador 19
   2.2 Estudo de caso: seu potencial em educação 20
      2.2.1 Características fundamentais do estudo de caso 21
   2.3 O desenvolvimento de um estudo de caso 24
      2.3.1 A fase exploratória 25
      2.3.2 A delimitação do estudo 26
      2.3.3 A análise sistemática e a elaboração do relatório 26
      2.3.4 A prática do estudo de caso 26
   Referências bibliográficas 28

3. **Métodos de coleta de dados: observação, entrevista e análise documental** 29
   3.1 Observação 29

xiv | Sumário

3.1.1 A observação nas abordagens qualitativas 30
3.1.2 Variações nos métodos de observação 32
3.1.3 O conteúdo das observações 35
3.1.4 O registro das observações 37
3.2 A entrevista 38
3.3 A análise documental 44
Referências bibliográficas 52

4. A análise de dados e algumas questões relacionadas à objetividade e à validade nas abordagens qualitativas 53
4.1 A análise após a coleta de dados 56
    4.1.1 Da análise para a teorização 58
    4.1.2 Problemas éticos, metodológicos e políticos no uso das abordagens qualitativas 58
Referências bibliográficas 62

5. Lições de duas experiências 63

Bibliografia básica 90

Anexo: Exemplo de uma pesquisa 92

Alfabetização: um estudo sobre professores das camadas populares 92
    Introdução 93
    As estratégias adotadas para a observação nas escolas 95
    O contexto: escolas, professoras, crianças 96
    Os achados do estudo 98
    Conclusões 111
    Referências bibliográficas 112

Pesquisa em educação
Abordagens qualitativas

Evolução da pesquisa em educação

A palavra pesquisa ganhou ultimamente popularização, que chega por vezes a comprometer seu verdadeiro sentido. Pode-se notar esse fenômeno em várias instâncias da vida social. Na esfera do comportamento político, por exemplo, observa-se verdadeiro surto de "pesquisas", que procuram revelar as tendências eleitorais de determinados grupos sociais, não sem correr o risco (por vezes intencional) de dirigir essas tendências, como já foi revelado em estudos sociológicos (Thiollent, 1980). Trata-se, pois, de uma concepção de pesquisa bastante estreita. Também no âmbito dos ensinos de níveis fundamental e médio, tem-se usado e abusado do tema de maneira a comprometê-lo, quem sabe, para sempre na compreensão dos estudantes. A professora pede para os alunos "pesquisarem" determinado assunto e o que eles fazem, em geral, é consultar algumas ou apenas uma obra, do tipo enciclopédia, onde coletam as informações para a "pesquisa". Às vezes são recortados jornais e revistas, em busca de elementos para compor o produto final, a "pesquisa" a ser apresentada ao professor. Ora, esse tipo de atividade, embora possa contribuir para despertar a curiosidade ativa da criança e do adolescente, não chega a representar verdadeiramente o conceito de pesquisa, não passando provavelmente de uma atividade de consulta, importante, sem dúvida, para a aprendizagem, mas não esgotando o sentido do termo pesquisa.

Para se realizar uma pesquisa é preciso promover o confronto entre os dados, as evidências, as informações coletadas sobre determina-

2 | Capítulo 1

do assunto e o conhecimento teórico construído a respeito dele. Em geral isso se faz a partir do estudo de um problema, que ao mesmo tempo desperta o interesse do pesquisador e limita sua atividade de pesquisa a determinada porção do saber, a qual ele se compromete a construir naquele momento. Trata-se, assim, de uma ocasião privilegiada, reunindo o pensamento e a ação de uma pessoa, ou de um grupo, no esforço de elaborar conhecimentos sobre aspectos da realidade que deverão servir para a composição de soluções propostas aos seus problemas. Esses conhecimentos são, portanto, frutos da curiosidade, da inquietação, da inteligência e da atividade investigativa dos indivíduos, a partir e em continuação do que já foi elaborado e sistematizado pelos que trabalharam o assunto anteriormente. Tanto pode ser confirmado como negado pela pesquisa o que se construiu a respeito desse assunto, mas o que não pode é ser ignorado.

Essa concepção de pesquisa, como uma atividade ao mesmo tempo momentânea, de interesse imediato e continuada, por se inserir numa corrente de pensamento, nos remete ao caráter social da pesquisa, muito bem explicitado por vários autores, destacando-se na literatura específica nacional Pedro Demo (1981). Esse autor soube muito bem caracterizar a dimensão social da pesquisa e do pesquisador, mergulhados que estão na corrente da vida em sociedade, com suas competições, interesses e ambições, ao lado da legítima busca do conhecimento científico. Esse mesmo conhecimento vem sempre e necessariamente marcado pelos sinais de seu tempo, comprometido portanto com sua realidade histórica e não pairando acima dela como verdade absoluta. A construção da ciência é um fenômeno social por excelência.

A pesquisa, então, não se realiza numa estratosfera situada acima da esfera de atividades comuns e correntes do ser humano, sofrendo assim as injunções típicas dessas atividades. Encontramos por vezes, entre nossos alunos e até mesmo na literatura especializada, uma certa indicação de que a atividade de pesquisa se reservaria a alguns eleitos, que a escolheram, ou por ela foram escolhidos, para a exercer em caráter exclusivo, em condições especiais e até mesmo assépticas em sua torre de marfim, isolada da realidade. Nossa posição, ao contrário,

Evolução da pesquisa em educação | 3

situa a pesquisa bem dentro das atividades normais do profissional da educação, seja ele professor, administrador, orientador, supervisor, avaliador etc. Não queremos com isso subestimar o trabalho da pesquisa como função que se exerce rotineiramente, para preencher expectativas profissionais. O que queremos é aproximá-la da vida diária do educador, em qualquer âmbito em que ele atue, tornando-a um instrumento de enriquecimento do seu trabalho. Para isso é necessário desmistificar o conceito que a encara como privilégio de alguns seres dotados de poderes especiais, assim como é preciso entendê-la como atividade que requer habilidades e conhecimentos específicos.

É igualmente importante lembrar que, como atividade humana e social, a pesquisa traz consigo, inevitavelmente, a carga de valores, preferências, interesses e princípios que orientam o pesquisador. Claro está que o pesquisador, como membro de um determinado tempo e de uma específica sociedade, irá refletir em seu trabalho de pesquisa os valores, os princípios considerados importantes naquela sociedade, naquela época. Assim, a sua visão do mundo, os pontos de partida, os fundamentos para a compreensão e explicação desse mundo influenciarão a maneira como ele propõe suas pesquisas ou, em outras palavras, os pressupostos que orientam seu pensamento vão também nortear sua abordagem de pesquisa.

Situado entre as ciências humanas e sociais, o estudo dos fenômenos educacionais não poderia deixar de sofrer as influências das evoluções ocorridas naquelas ciências. Por muito tempo elas procuraram seguir os modelos que serviram tão bem ao desenvolvimento das ciências físicas e naturais, na busca da construção do conhecimento científico do seu objeto de estudo. Assim, tal como naquelas ciências, o fenômeno educacional foi estudado por muito tempo como se pudesse ser isolado, como se faz com um fenômeno físico, para uma análise acurada, se possível feita em um laboratório, onde as variáveis que o compõem pudessem também ser isoladas, a fim de se constatar a influência que cada uma delas exerceria sobre o fenômeno em questão.

A própria noção de variável como dimensão quantificável do fenômeno teve, e ainda tem, grande destaque nos livros de metodologia de pesquisa em educação, indicando claramente o tipo de concepções

4 | Capítulo 1

básicas e princípios que orientam a abordagem que tanto tempo predominou nas pesquisas educacionais. Durante muito tempo se acreditou na possibilidade de decompor os fenômenos educacionais em suas variáveis básicas, cujo estudo analítico, e se possível quantitativo, levaria ao conhecimento total desses fenômenos.

Com a evolução dos próprios estudos na área da educação, foi-se percebendo que poucos fenômenos nessa área podem ser submetidos a esse tipo de abordagem analítica, pois em educação as coisas acontecem de maneira tão inextricável que fica difícil isolar as variáveis envolvidas e, mais ainda, apontar claramente quais são as responsáveis por determinado efeito.

Claro que se pode tentar um esforço no sentido de um estudo analítico, como se faz na chamada pesquisa experimental, mas é importante lembrar que, ao fazê-lo, está-se correndo o risco de submeter a complexa realidade do fenômeno educacional a um esquema simplificador de análise. Isso pode inclusive acarretar o sacrifício do conhecimento dessa realidade em favor da aplicação acurada do esquema.

Esse esquema experimental pode-se revelar muito útil em determinado estágio do estudo, quando já se delinearam as linhas gerais do fenômeno e se quer pôr em destaque as relações entre certas variáveis envolvidas, cuja seleção se faz em função de alguns indicadores e necessariamente a partir de uma redução. Está-se assim assumindo os efeitos dessa redução, a bem do esclarecimento de uma parte, de um segmento do fenômeno estudado, dentro de determinadas condições. Não se poderia, portanto, a não ser dentro de estreitos limites, atribuir o conhecimento assim obtido à totalidade do fenômeno estudado e muito menos à variedade de circunstâncias em que ele ocorre.

Enfim, queremos dizer que um estudo experimental em educação tem sua importância e sua utilidade quando aplicado dentro de seus limites naturais. Essa utilidade não tem sido muito frequente ao longo da história da pesquisa em educação, pois esta se realiza sempre de maneira tão complexa que não se compatibiliza facilmente com a rigidez do esquema experimental.

Outra característica típica dessa abordagem, que predominava entre as pesquisas educacionais até bem pouco tempo atrás, era a

Evolução da pesquisa em educação | 5

crença numa perfeita separação entre o sujeito da pesquisa, o pesquisador, e seu objeto de estudo. Acreditava-se então que em sua atividade investigativa o pesquisador deveria manter-se o mais separado possível do objeto que estava estudando, para que suas ideias, valores e preferências não influenciassem o seu ato de conhecer. Assim se procuraria garantir uma perfeita objetividade, isto é, os fatos, os dados se apresentariam tais quais são, em sua realidade evidente. O conhecimento se faria de maneira imediata e transparente aos olhos do pesquisador.

Também nesse ponto a evolução dos estudos de educação, assim como de outras ciências sociais, tem levado a perceber que não é bem assim que o conhecimento se processa. Os fatos, os dados não se revelam gratuita e diretamente aos olhos do pesquisador. Nem este os enfrenta desarmado de todos os seus princípios e pressuposições. Ao contrário, é a partir da interrogação que ele faz aos dados, baseada em tudo o que ele conhece do assunto - portanto, em toda a teoria disponível a respeito -, que se vai construir o conhecimento sobre o fato pesquisado.[1]

O papel do pesquisador é justamente o de servir como veículo inteligente e ativo entre esse conhecimento construído na área e as novas evidências que serão estabelecidas a partir da pesquisa. É pelo seu trabalho como pesquisador que o conhecimento específico do assunto vai crescer, mas esse trabalho vem carregado e comprometido com todas as peculiaridades do pesquisador, inclusive e principalmente com as suas definições políticas. "Todo ato de pesquisa é um ato político", já disse muito bem Rubem Alves (1984). Não há, portanto, possibilidade de se estabelecer uma separação nítida e asséptica entre o pesquisador e o que ele estuda e também os resultados do que ele estuda. Ele não se abriga, como se queria anteriormente, em uma posição de neutralidade científica, pois está implicado necessariamente nos fenômenos que conhece e nas consequências desse conhecimento que ajudou a estabelecer.

---

[1] Para um aprofundamento sobre esta questão, veja-se o artigo de Miriam Limoeiro "O mito do método", *Boletim Carioca de Geografia*, ano XXV, 1976.

6 | Capítulo 1

Associada a esta transparência dos fatos a serem conhecidos estava também a crença na sua imutabilidade. A realidade dos fenômenos estudados parecia gozar de um caráter de permanência, de perenidade, e poderia, portanto, ser isolada no tempo e no espaço para a obtenção de um conhecimento definitivo a seu respeito. Ora, à medida que avançam os estudos da educação, mais evidente se torna seu caráter de fluidez dinâmica, de mudança natural a todo ser vivo. E mais claramente se nota a necessidade de desenvolvimento de métodos de pesquisa que atentem para esse seu caráter dinâmico. Cada vez mais se entende o fenômeno educacional como situado dentro de um contexto social, por sua vez, inserido em uma realidade histórica, que sofre toda uma série de determinações. Um dos desafios atualmente lançados à pesquisa educacional é exatamente o de tentar captar essa realidade dinâmica e complexa do seu objeto de estudo, em sua realização histórica.

O conceito de causalidade, que apontava para a busca de um fluxo linear entre variáveis independentes e dependentes, também não responde mais à percepção do pesquisador atual, atenta à complexidade da teia quase inextricável de variáveis que agem no campo educacional. Em vez da ação de uma variável independente, produzindo um efeito sobre uma variável dependente, o que ocorre em educação é, em geral, a múltipla ação de inúmeras variáveis agindo e interagindo ao mesmo tempo. Ao tentar isolar algumas dessas variáveis está-se optando, necessariamente, por uma redução do enfoque do estudo a uma parte do fenômeno. Isso pode ser muito útil para fins de análises específicas, mas não resolve o problema da compreensão geral do fenômeno em sua dinâmica complexidade.

Essa visão geral da maneira predominante de fazer pesquisa em educação nas últimas quatro ou cinco décadas, que rapidamente descrevemos, corresponde mais ou menos ao que se convencionou chamar de paradigma positivista. Paradigma por indicar uma espécie de modelo, de esquema, de maneira de ver as coisas e de explicar o mundo. Positivista por ter sua origem remota no filósofo francês Augusto Comte, que, no início do século XIX, lançou as bases de uma sociologia positivista, para a qual o método de estudo dos fenômenos

Evolução da pesquisa em educação | 7

sociais deveria aproximar-se daquele utilizado pelas ciências físicas e naturais.[2] Não cabe aqui um aprofundamento da discussão sobre esse modelo, que descrevemos brevemente. Nossa descrição é suficiente para indicar o tipo de pesquisa que vinha sendo desenvolvida predominantemente em educação. Nos últimos anos, talvez na última década, começaram a aparecer entre os pesquisadores sinais de insatisfação crescente em relação aos métodos empregados por aquele tipo de investigação. Eles não estavam levando a resultados que ajudassem a descobrir soluções para os problemas prementes, que se acumulam na área da educação, especialmente em nosso País.

Esse sentimento de insatisfação em relação aos resultados da pesquisa educacional, tal como tradicionalmente vinha sendo realizada, não se registrou apenas entre pesquisadores brasileiros. Até mesmo nos Estados Unidos, país onde a pesquisa em educação se encontra bastante desenvolvida, pode-se observar em tempos recentes sentimento semelhante, mesmo entre pesquisadores que trabalharam por muitos anos dentro daquela perspectiva.[3]

Seria preciso buscar novas formas de trabalho em pesquisa, que partissem de outros pressupostos, que rompessem com o antigo paradigma e sobretudo que se adaptassem melhor ao objeto de estudo considerado importante pelos pesquisadores em educação. Os estudos do tipo levantamento, ou *survey*, como dizem os americanos, já prestaram e continuarão a prestar grandes serviços à pesquisa educacional, mas se limitam a oferecer uma visão geral e instantânea de um determinado assunto, como se uma máquina fotográfica o tivesse registrado em determinado momento. Eles não oferecem a possibilidade de penetração além dessa fotografia instantânea e tampouco permitem uma averiguação das diferenças que grupos e indivíduos necessariamente apresentam dentro de conjuntos maiores. Ao contrário, procuram obter um resultado médio, que reúna (e anule!) as diferenças porventura

---

[2] Para uma explicação crítica sobre o positivismo e sua influência, veja-se o livro de John Hughes, *A Filosofia da Pesquisa Social*. Rio de Janeiro: Zahar, 1983.
[3] Veja a respeito o artigo de Menga Lüdke, "Novos enfoques da pesquisa em didática", no livro *A Didática em Questão*, Vera Maria Candau (org.). Petrópolis: Vozes, 1984.

8 | Capítulo 1

existentes. Insistimos que esse tipo de estudo tem e terá sempre validade para certos tipos de problemas. Por exemplo, se quisermos estudar o problema da evasão e da repetência no ensino fundamental no nível estadual, não há melhor meio de se conseguir uma visão geral do problema do que efetuando um levantamento junto aos estabelecimentos da rede escolar. Porém, se quisermos saber o que se passa dentro da sala de aula, que acaba contribuindo para aumentar a evasão e a repetência, não é exatamente o levantamento que irá nos ajudar, mas um outro tipo de estudo, que permita compreender a trama intrincada do que ocorre numa situação microssocial.

Da mesma forma o chamado *design* (delineamento) experimental tem prestado e prestará bons serviços à pesquisa em educação quando ela quiser destacar e colocar em foco as relações entre algumas variáveis já previamente selecionadas, com base em evidências anteriores. Nesse caso é de grande importância o papel das hipóteses, formuladas exatamente sobre as esperadas relações entre as variáveis. Mas o esquema experimental supõe, como se vê, uma antecipação, uma previsão de relações nem sempre possível dentro da realidade fluida e de causalidade múltipla e recíproca que domina o mundo das variáveis do campo educacional. Fazendo uma avaliação crítica da abordagem de tipo experimental, que ele chama de ideologia instrumental, H. Giroux observa que ela deveria ser encarada não apenas pelos "princípios que governam as questões que propõe mas também pelos temas que ignora e pelas questões que não propõe" (Giroux, 1983, p. 63).

Justamente para responder às questões propostas pelos atuais desafios da pesquisa educacional, começaram a surgir métodos de investigação e abordagens diferentes daqueles empregados tradicionalmente. As questões novas vinham, por um lado, de uma curiosidade investigativa despertada por problemas revelados pela prática educacional. Por outro lado, elas foram fortemente influenciadas por uma nova atitude de pesquisa, que coloca o pesquisador no meio da cena investigada, participando dela e tomando partido na trama da peça. É preciso saber de que lado estamos, lembra-nos Rubem Alves (Alves, 1984).

Foram aparecendo então novas propostas de abordagens, com soluções metodológicas diferentes, na tentativa de superar pelo me-

Evolução da pesquisa em educação | 9

nos algumas das limitações sentidas na pesquisa até então realizada em educação. Assim surgiram a pesquisa participante, ou participativa, ou ainda emancipatória, a pesquisa-ação, a pesquisa etnográfica ou naturalística, o estudo de caso. Sobre a pesquisa participativa ou participante já existe alguma literatura disponível entre nós, representada principalmente por dois livros organizados por Carlos R. Brandão (1981 e 1984) e um escrito por Pedro Demo (1984), além de vários artigos em publicações periódicas. Sobre a pesquisa-ação acham-se publicadas duas obras, uma de Thiollent (1985) e a tradução de um livro de R. Barbier publicado na França em 1977 (Barbier, 1985).

Sobre a abordagem etnográfica e o estudo de caso há alguns artigos de Marli André (1978, 1984) e a tradução de dois trabalhos de Robert Stake (1982). Não há ainda um livro que reúna essas abordagens de pesquisa num instrumento de trabalho para futuros pesquisadores, fornecendo ao mesmo tempo informações a respeito dos princípios sobre os quais elas se assentam e técnicas com as quais elas trabalham mais frequentemente. É isso que pretendemos fazer neste livro.

Sentimos que na base das tendências atuais da pesquisa em educação se encontra uma legítima e finalmente dominante preocupação com os problemas do ensino. Aí se situam as raízes dos problemas, que repercutem certamente em todos os outros aspectos da educação em nosso País. É aí que a pesquisa deve atuar mais frontalmente, procurando prestar a contribuição que sempre deveu à educação.

É encorajador o depoimento feito por Guiomar Namo de Mello, validado duplamente pela sua condição de pesquisadora, autora de obras de grande importância[4] e agora também administradora de um grande sistema de educação, a rede municipal de ensino da cidade de São Paulo. Ela registra, em publicação recente (Mello, 1985, p. 27), que "a pesquisa passa a estar mais voltada para a apreensão do funcionamento interno da escola e do sistema escolar" e que, ao enfatizar o estudo do acesso e permanência na

---

[4] Veja-se especialmente seu livro *Magistério de 1º Grau: da Competência Técnica ao Compromisso Político*. São Paulo: Cortez, 1982, um dos mais importantes trabalhos de pesquisa em educação publicados nos últimos anos.

10 | Capítulo 1

escola de 1º grau, a pesquisa forneceu importantes elementos para a formulação das políticas governamentais. Em suas palavras, esses conhecimentos, "se não foram suficientes, foram absolutamente indispensáveis" (p. 27).

Esperamos pois contribuir para que a pesquisa em educação produza resultados cada vez mais suficientes para pensarmos as soluções mais adequadas aos nossos problemas, especialmente os do 1º grau. Tivemos ocasião de organizar, há dois anos, um simpósio sobre a contribuição da pesquisa qualitativa para o estudo da escola fundamental.[5] Agora pretendemos, com este livro, colaborar com um número maior de pesquisadores que querem se preparar para trabalhar com os problemas específicos do dia a dia escolar.

Esses problemas, pela sua natureza específica, requerem técnicas de estudo também especialmente adequadas. Em lugar dos questionários aplicados a grandes amostras, ou dos coeficientes de correlação, típicos das análises experimentais, são utilizadas mais frequentemente neste novo tipo de estudo a observação participante, que cola o pesquisador à realidade estudada; a entrevista, que permite maior aprofundamento das informações obtidas; e a análise documental, que complementa os dados obtidos através da observação e da entrevista e que aponta novos aspectos da realidade pesquisada. De qualquer maneira, utilizando técnicas mais tradicionais ou mais recentes, o rigor do trabalho científico deve continuar a ser o mesmo. Sem exageros que imobilizem o seu trabalho, em vez de estimulá-lo, o pesquisador deve estar sempre atento à acuidade e veracidade das informações que vai obtendo, ou melhor, construindo. Que ele coloque nessa construção toda a sua inteligência, habilidade técnica e uma dose de paixão para temperar (e manter a têmpera!). Mas que cerque o seu trabalho com o maior cuidado e exigência, para merecer a confiança dos que necessitam dos seus resultados. Falaremos sobre o modo de fazer isso nos próximos capítulos e apresentaremos ao final alguns exemplos de quem já o fez.

---

[5] Apresentado no II Seminário Regional de Pesquisa em Educação - ANPEd Região Sudeste, Belo Horizonte: out. 1983. (Publicado depois em *Cadernos de Pesquisa*, nº 49, maio, 1984.)

Evolução da pesquisa em educação | 11

Referências bibliográficas

ALVES, R. *Conversas com quem gosta de ensinar.* 7. ed. São Paulo: Cortez, 1984.

ANDRÉ, M.E.D.A. A abordagem etnográfica: uma nova perspectiva na avaliação educacional. *Tecnologia Educacional,* ABT, nº 24, set./out. 1978.

_____. Estudo de caso: seu potencial na educação. *Cadernos de Pesquisa,* nº 49, maio 1984.

BARBIER, R. *A pesquisa – Ação na instituição educativa.* Rio de Janeiro: Zahar, 1985.

BRANDÃO, C.R. (org.). *Pesquisa participante.* São Paulo: Brasiliense, 1981.

_____. *Repensando a pesquisa participante.* São Paulo: Brasiliense, 1984.

DEMO, P. *Metodologia científica em ciências sociais.* São Paulo: Atlas, 1981.

_____. *Pesquisa participante:* mito e realidade. Rio de Janeiro: SENAC, 1984.

GIROUX, H. *Pedagogia radical - Subsídios.* São Paulo: Cortez, 1983.

HUGHES, J. *A filosofia da pesquisa social.* Rio de Janeiro: Zahar, 1983.

LIMOEIRO, M. O mito do método. *Boletim Carioca de Geografia.* Rio de Janeiro: Ano XXV, 1976.

LÜDKE, M. Novos enfoques da pesquisa em didática. In: Candau, Vera M. (org.). *A Didática em Questão.* Petrópolis: Vozes, 1983.

MELLO, G.N. de. *Magistério de 1º grau:* da competência técnica ao compromisso político. São Paulo: Cortez, 1982.

_____. Pesquisa educacional, políticas governamentais e o ensino de 1º grau. *Cadernos de Pesquisa.* São Paulo: Fundação Carlos Chagas, nº 53, maio 1985.

STAKE, R. Estudo de caso em pesquisa e avaliação educacional. *Educação e seleção.* São Paulo: Fundação Carlos Chagas, nº 7, jan./jun. 1983.

_____. Pesquisa qualitativa/naturalista: problemas epistemológicos. *Educação e seleção.* São Paulo: Fundação Carlos Chagas, nº 7, jan./jun. 1983.

THIOLLENT, M. *Crítica metodológica, investigação social e enquete operária.* São Paulo: Polis, 1980.

_____. *Metodologia da pesquisa ação.* São Paulo: Cortez, 1985.

CAPÍTULO 2

Abordagens qualitativas de pesquisa: a pesquisa etnográfica e o estudo de caso

É cada vez mais evidente o interesse que os pesquisadores da área de educação vêm demonstrando pelo uso das metodologias qualitativas. Apesar da crescente popularidade dessas metodologias, ainda parecem existir muitas dúvidas sobre o que realmente caracteriza uma pesquisa qualitativa, quando é ou não adequado utilizá-la e como se coloca a questão do rigor científico nesse tipo de investigação. Outro aspecto que também parece gerar ainda muita confusão é o uso de termos como pesquisa qualitativa, etnográfica, naturalística, participante, estudo de caso e estudo de campo, muitas vezes empregados indevidamente como equivalentes.

Em seu livro *A Pesquisa Qualitativa em Educação*, Bogdan e Biklen (1982) discutem o conceito de pesquisa qualitativa apresentando cinco características básicas que configurariam esse tipo de estudo:
1. *A pesquisa qualitativa tem o ambiente natural como sua fonte direta de dados e o pesquisador como seu principal instrumento.* Segundo os dois autores, a pesquisa qualitativa supõe o contato direto e prolongado do pesquisador com o ambiente e a situação que está sendo investigada, via de regra, pelo trabalho intensivo de campo.

Abordagens qualitativas de pesquisa | 13

Por exemplo, se a questão que está sendo estudada é a da indisciplina escolar, o pesquisador procurará presenciar o maior número de situações em que esta se manifeste, o que vai exigir um contato direto e constante com o dia a dia escolar. Como os problemas são estudados no ambiente em que eles ocorrem naturalmente, sem qualquer manipulação intencional do pesquisador, esse tipo de estudo é também chamado "naturalístico". Para esses autores, portanto, todo estudo qualitativo é também naturalístico.

A justificativa para que o pesquisador mantenha um contato estreito e direto com a situação onde os fenômenos ocorrem naturalmente é a de que estes são muito influenciados pelo seu contexto. Assim, as circunstâncias particulares em que determinado objeto se insere são essenciais para que se possa entendê-lo. Da mesma maneira as pessoas, os gestos, as palavras estudadas devem ser sempre referenciadas ao contexto onde aparecem.

2. *Os dados coletados são predominantemente descritivos.* O material obtido nessas pesquisas é rico em descrições de pessoas, situações, acontecimentos; inclui transcrições de entrevistas e de depoimentos, fotografias, desenhos e extratos de vários tipos de documentos. Citações são frequentemente usadas para subsidiar uma afirmação ou esclarecer um ponto de vista. Todos os dados da realidade são considerados importantes. O pesquisador deve, assim, atentar para o maior número possível de elementos presentes na situação estudada, pois um aspecto supostamente trivial pode ser essencial para a melhor compreensão do problema que está sendo estudado. Questões aparentemente simples, como: por que as carteiras nesta escola estão dispostas em grupos nas primeiras séries e em fileiras nas terceiras e quartas séries?, e outras desse mesmo tipo, precisam ser sempre colocadas e sistematicamente investigadas.

3. *A preocupação com o processo é muito maior do que com o produto.* O interesse do pesquisador ao estudar determinado problema é verificar como ele se manifesta nas atividades, nos procedimentos e nas interações cotidianas. Por exemplo, numa pesquisa das práticas de alfabetização na escola pública, Kramer e André (1984)

14 | Capítulo 2

mostraram como as medidas disciplinares de sala de aula serviam ao propósito de organização para o trabalho e como isso interferia no "clima" de sala e no envolvimento das crianças nas tarefas propostas. Essa complexidade do cotidiano escolar é sistematicamente retratada nas pesquisas qualitativas.

4. *O "significado" que as pessoas dão às coisas e à sua vida são focos de atenção especial pelo pesquisador.* Nesses estudos há sempre uma tentativa de capturar a "perspectiva dos participantes", isto é, a maneira como os informantes encaram as questões que estão sendo focalizadas. Ao considerar os diferentes pontos de vista dos participantes, os estudos qualitativos permitem iluminar o dinamismo interno das situações, geralmente inacessível ao observador externo. O cuidado que o pesquisador precisa ter ao revelar os pontos de vista dos participantes é com a acuidade de suas percepções. Deve, por isso, encontrar meios de checá-las, discutindo-as abertamente com os participantes ou confrontando-as com outros pesquisadores para que elas possam ser ou não confirmadas.

5. *A análise dos dados tende a seguir um processo indutivo.* Os pesquisadores não se preocupam em buscar evidências que comprovem hipóteses definidas antes do início dos estudos. As abstrações se formam ou se consolidam basicamente a partir da inspeção dos dados num processo de baixo para cima.

O fato de não existirem hipóteses ou questões específicas formuladas *a priori* não implica a inexistência de um quadro teórico que oriente a coleta e a análise dos dados. O desenvolvimento do estudo assemelha-se a um funil: no início há questões ou focos de interesse muito amplos, que no final se tornam mais diretos e específicos. O pesquisador vai precisando melhor esses focos à medida que o estudo se desenvolve.

A pesquisa qualitativa ou naturalística, segundo Bogdan e Biklen (1982), envolve a obtenção de dados descritivos, obtidos no contato direto do pesquisador com a situação estudada, enfatiza mais o processo do que o produto e se preocupa em retratar a perspectiva dos participantes.

Abordagens qualitativas de pesquisa | **15**

Entre as várias formas que pode assumir uma pesquisa qualitativa, destacam-se a pesquisa do tipo etnográfico e o estudo de caso. Ambos vêm ganhando crescente aceitação na área de educação, devido principalmente ao seu potencial para estudar as questões relacionadas à escola.

2.1 A abordagem etnográfica na pesquisa educacional[1]

Até muito recentemente as técnicas etnográficas eram utilizadas quase que exclusivamente pelos antropólogos e sociólogos. No início da década de 1970, entretanto, os pesquisadores da área de educação começaram também a fazer uso dessas técnicas, o que deu origem a uma nova linha de pesquisas, que tem recebido o nome de "antropológica" ou "etnográfica".

A utilização desses termos, no entanto, deve ser feita de forma cuidadosa, já que no processo de transplante para a área de educação eles sofreram uma série de adaptações, afastando-se mais ou menos do seu sentido original. Assim, por exemplo, denominar de etnográfica uma pesquisa apenas porque utiliza observação participante nem sempre será apropriado, já que etnografia tem um sentido próprio: é a descrição de um sistema de significados culturais de determinado grupo (Spradley, 1979). Um teste bastante simples para determinar se um estudo pode ser chamado etnográfico, segundo Wolcott (1975), é verificar se a pessoa que lê esse estudo consegue interpretar aquilo que ocorre no grupo estudado tão apropriadamente como se fosse um membro desse grupo.

Wolcott chama a atenção para o fato de que o uso da etnografia em educação deve envolver uma preocupação em pensar o ensino e a aprendizagem dentro de um contexto cultural amplo. Da mesma maneira, as pesquisas sobre a escola não devem se restringir ao que se passa no âmbito da escola, mas sim relacionar o que é aprendido dentro e fora da escola.

---

[1] Uma parte desta seção foi publicada na revista *Tecnologia Educacional*, nº 24, ABT, set./out. 1978, p. 9-12.

16 | Capítulo 2

Wolcott discute vários critérios para a utilização da abordagem etnográfica nas pesquisas que focalizam a escola. Esses critérios, resumidos por Firestone e Dawson (1981), são os seguintes:

1. *O problema é redes coberto no campo.* Isto significa que o etnógrafo evita a definição rígida e apriorística de hipóteses. Em lugar disso, ele procura mergulhar na situação e a partir daí vai rever e aprimorar o problema inicial da pesquisa. Com isso Wolcott não estaria sugerindo a inexistência de planejamento ou de teoria, mas apenas a inconveniência de uma atitude inflexível em relação ao problema investigado.

2. *O pesquisador deve realizar a maior parte do trabalho de campo pessoalmente.* Wolcott enfatiza a importância de que a pessoa que escreve a etnografia deve ter tido ela mesma uma experiência direta com a situação em estudo. A existência de auxiliares de pesquisa pode ser extremamente útil, diz ele, mas jamais substituirá a riqueza do contato íntimo e pessoal com a realidade estudada.

3. *O trabalho de campo deve durar pelo menos um ano escolar.* Falando da utilidade do pesquisador como instrumento, Wolcott discute a necessidade de uma longa e intensa imersão na realidade para entender as regras, os costumes e as convenções que governam a vida do grupo estudado.

4. *O pesquisador deve ter tido uma experiência com outros povos de outras culturas.* A justificativa para esse critério é que o contraste com outras culturas ajuda a entender melhor o sentido que o grupo estudado atribui às suas experiências.

5. *A abordagem etnográfica combina vários métodos de coleta.* Há dois métodos básicos utilizados pelos etnógrafos: a observação direta das atividades do grupo estudado e entrevistas com os informantes para captar suas explicações e interpretações do que ocorre nesse grupo. Mas esses métodos são geralmente conjugados com outros, como levantamentos, histórias de vida, análise de documentos, testes psicológicos, videoteipes, fotografias e outros, os quais podem fornecer um quadro mais vivo e completo da situação estudada.

6. *O relatório etnográfico apresenta uma grande quantidade de dados primários.* Além de descrições acuradas da situação estudada, o estudo etnográfico apresenta muito material produzido pelos in-

Abordagens qualitativas de pesquisa | **17**

formantes, ou seja, histórias, canções, frases tiradas de entrevistas ou documentos, desenhos e outros produtos que possam vir a ilustrar a perspectiva dos participantes, isto é, a sua maneira de ver o mundo e as suas próprias ações.

Tomando esses critérios apresentados por Wolcott (1975) e comentados por Firestone e Dawson (1981), é fácil concluir que nem todos os estudos qualitativos podem ser chamados de etnográficos. A etnografia como "ciência da descrição cultural" envolve pressupostos específicos sobre a realidade e formas particulares de coleta e apresentação de dados.

2.1.1 Pressupostos

De acordo com Wilson (1977), a pesquisa etnográfica fundamenta-se em dois conjuntos de hipóteses sobre o comportamento humano:

- A hipótese naturalista-ecológica, que afirma ser o comportamento humano significativamente influenciado pelo contexto em que se situa. Nessa perspectiva, qualquer tipo de pesquisa que desloca o indivíduo do seu ambiente natural está negando a influência dessas forças contextuais e em consequência deixa de compreender o fenômeno estudado em sua totalidade.

- A hipótese qualitativo-fenomenológica, que determina ser quase impossível entender o comportamento humano sem tentar entender o quadro referencial dentro do qual os indivíduos interpretam seus pensamentos, sentimentos e ações. De acordo com essa perspectiva, o pesquisador deve tentar encontrar meios para compreender o significado manifesto e latente dos comportamentos dos indivíduos, ao mesmo tempo que procura manter sua visão objetiva do fenômeno. O pesquisador deve exercer o papel subjetivo de participante e o papel objetivo de observador, colocando-se numa posição ímpar para compreender e explicar o comportamento humano.

2.1.2 Método

Embora já tenha havido algumas tentativas para especificar o processo de coleta e análise de dados durante a observação participante,

18 | Capítulo 2

não existe um método que possa ser recomendado como o melhor ou mais efetivo. Segundo Stubbs e Delamont (1976), a natureza dos problemas é que determina o método, isto é, a escolha do método se faz em função do tipo de problema estudado.

Geralmente o pesquisador desenvolve a sua investigação passando por três etapas: exploração, decisão e descoberta.

A primeira fase envolve a seleção e definição de problemas, a escolha do local onde será feito o estudo e o estabelecimento de contatos para a entrada em campo. Nessa etapa inicial também estão incluídas as primeiras observações, com a finalidade de adquirir maior conhecimento sobre o fenômeno e possibilitar a seleção de aspectos que serão mais sistematicamente investigados. Schatzman e Strauss (1973) afirmam que nesse tipo de pesquisa o problema não precisa estar diretamente vinculado a uma linha teórica predeterminada nem é necessário que haja hipóteses explicitamente formuladas. Parece ser suficiente que o pesquisador possua um esquema conceitual a partir do qual possa levantar algumas questões relevantes. Essas primeiras indagações orientam o processo de coleta de informação e permitem a formulação de uma série de hipóteses que podem ser modificadas à medida que novos dados vão sendo coletados. Diversamente de outros esquemas mais estruturados de pesquisa, a abordagem etnográfica parte do princípio de que o pesquisador pode modificar os seus problemas e hipóteses durante o processo de investigação.

O segundo estágio de pesquisa consiste numa busca mais sistemática daqueles dados que o pesquisador selecionou como os mais importantes para compreender e interpretar o fenômeno estudado. Wilson (1977) afirma que, como a investigação etnográfica procura descobrir as estruturas de significado dos participantes nas diversas formas em que são expressas, os tipos de dados relevantes são: forma e conteúdo da interação verbal dos participantes; forma e conteúdo da interação verbal com o pesquisador; comportamento não verbal; padrões de ação e não ação; traços, registros de arquivos e documentos. O problema fundamental para o investigador antropológico é aprender a selecionar os dados necessários para responder às suas questões e encontrar o meio de ter acesso a essa informação. Os tipos de dados

Abordagens qualitativas de pesquisa | 19

coletados podem mudar durante a investigação, pois as informações colhidas e as teorias emergentes devem ser usadas para dirigir a subsequente coleta de dados.

O terceiro estágio da pesquisa etnográfica consiste na explicação da realidade, isto é, na tentativa de encontrar os princípios subjacentes ao fenômeno estudado e de situar as várias descobertas num contexto mais amplo. Esta fase envolve o desenvolvimento de teorias, um processo que vai sendo preparado durante todo o desenrolar do estudo. Partindo de um esquema geral de conceitos, o pesquisador procura testar constantemente as suas hipóteses com a realidade observada diariamente. Essa interação contínua entre os dados reais e as suas possíveis explicações teóricas permite a estruturação de um quadro teórico dentro do qual o fenômeno pode ser interpretado e compreendido. Outra maneira de testar e refinar as explicações teóricas, segundo Becker (1958), consiste em encontrar vários tipos de evidências para provar determinado ponto e, além disso, procurar "evidência negativa" para aquele ponto. Devido ao seu grau de imersão na realidade, o observador está apto a detectar as situações que provavelmente lhe fornecerão dados discordantes e as que podem corroborar suas conjecturas. Ele então penetra nessas situações, confronta as evidências positivas e negativas com as teorias existentes e vai gradualmente desenvolvendo a sua teoria. Becker acredita que esse processo de descobrir evidências positivas e negativas pode reduzir o grau de inferência dos julgamentos na observação participante.

2.1.3 Papel do observador

Um dos grandes desafios da abordagem etnográfica refere-se ao papel e às tarefas exercidas pelo observador. As habilidades exigidas desse profissional não são poucas nem simples. Algumas características essenciais para um bom etnógrafo apresentadas por Hall (1978), e que são fruto de suas experiências nessa área, são: a pessoa precisa ser capaz de tolerar ambiguidades; ser capaz de trabalhar sob sua própria responsabilidade; deve inspirar confiança; deve ser pessoalmente comprometida, autodisciplinada, sensível a si mesma e aos outros, madura e consistente; e deve ser capaz de guardar informações confi-

20 | Capítulo 2

denciais. Desde os contatos iniciais com os participantes, o observador deve-se preocupar em se fazer aceito, decidindo quão envolvido estará nas atividades e procurando não ser identificado com nenhum grupo particular. Esses cuidados são fundamentais para que ele consiga obter as informações desejadas. Além dessas qualidades pessoais e das decisões que deve tomar quanto à forma e à situação de coleta de dados, o observador se defronta com uma difícil tarefa, que é a de selecionar e reduzir a realidade sistematicamente. Essa tarefa exigirá certamente que ele possua um arcabouço teórico a partir do qual seja capaz de reduzir o fenômeno em seus aspectos mais relevantes e que conheça as várias possibilidades metodológicas para abordar a realidade a fim de melhor compreendê-la e interpretá-la.

2.2 Estudo de caso: seu potencial em educação

O estudo de caso é o estudo de *um* caso, seja ele simples e específico, como o de uma professora competente de uma escola pública, ou complexo e abstrato, como o das classes de alfabetização (C A) ou o do ensino noturno. O caso é sempre bem delimitado, devendo ter seus contornos claramente definidos no desenrolar do estudo. O caso pode ser similar a outros, mas é ao mesmo tempo distinto, pois tem um interesse próprio, singular. Segundo Goode e Hatt (1968), o caso se destaca por se constituir numa unidade dentro de um sistema mais amplo. O interesse, portanto, incide naquilo que ele tem de único, de particular, mesmo que posteriormente venham a ficar evidentes certas semelhanças com outros casos ou situações. Quando queremos estudar algo singular, que tenha um valor em si mesmo, devemos escolher o estudo de caso.

Alguns autores acreditam que todo estudo de caso é qualitativo. O estudo qualitativo, como já foi visto, é o que se desenvolve numa situação natural, é rico em dados descritivos, tem um plano aberto e flexível e focaliza a realidade de forma complexa e contextualizada. Nem todos os estudos de caso são, portanto, qualitativos. Os estudos de casos clínicos, de serviço social, de direito, os casos médicos e as biografias não são necessariamente qualitativos. Em educação, muitos estudos de caso são qualitativos e muitos não.

Abordagens qualitativas de pesquisa | **21**

Vamos tratar aqui especificamente dos estudos de casos qualitativos ou "naturalísticos". Falaremos de suas principais características, do seu processo de desenvolvimento e enfocaremos alguns problemas práticos na sua realização.

2.2.1 Características fundamentais do estudo de caso

As características ou princípios frequentemente associados ao estudo de caso "naturalístico" se superpõem às características gerais da pesquisa qualitativa anteriormente descritas. Entre estas destacam-se:

1. *Os estudos de caso visam à descoberta.* Mesmo que o investigador parta de alguns pressupostos teóricos iniciais, ele procurará se manter constantemente atento a novos elementos que podem emergir como importantes durante o estudo. O quadro teórico inicial servirá assim de esqueleto, de estrutura básica a partir da qual novos aspectos poderão ser detectados, novos elementos ou dimensões poderão ser acrescentados, na medida em que o estudo avance.

No seu estudo sobre as práticas de alfabetização de uma escola pública, Salim (1984) identificou dois aspectos que se mostraram relevantes para melhor compreender o processo de alfabetização: a ajuda individual da professora às crianças com dificuldades de aprendizagem e o espaço de liberdade de que ela dispõe para desenvolver o seu trabalho de sala. Esses aspectos não emergiram senão no desenrolar da pesquisa.

Essa característica se fundamenta no pressuposto de que o conhecimento não é algo acabado, mas uma construção que se faz e refaz constantemente. Assim sendo, o pesquisador estará sempre buscando novas respostas e novas indagações no desenvolvimento do seu trabalho.

2. *Os estudos de caso enfatizam a "interpretação em contexto".* Um princípio básico desse tipo de estudo é que, para uma apreensão mais completa do objeto, é preciso levar em conta o contexto em que ele se situa. Assim, para compreender melhor a manifestação geral de um problema, as ações, as percepções, os comportamentos e as interações das pessoas devem ser relacionadas à situação espe-

22 | Capítulo 2

cífica onde ocorrem ou à problemática determinada a que estão ligadas. Na pesquisa de Penin (1983), por exemplo, que focalizou uma escola pública da periferia de São Paulo, a análise é feita em função das características específicas da região em que se localiza a escola, levando também em conta a história da escola e a sua situação geral no momento da pesquisa: recursos materiais e humanos, estrutura física e administrativa etc. A autora mostra claramente como esses vários fatores ajudaram a explicar a ação pedagógica desenvolvida naquela escola.

3. *Os estudos de caso buscam retratar a realidade de forma completa e profunda.* O pesquisador procura revelar a multiplicidade de dimensões presentes numa determinada situação ou problema, focalizando-o como um todo. Esse tipo de abordagem enfatiza a complexidade natural das situações, evidenciando a inter-relação dos seus componentes. Por exemplo, ao estudar o processo de formação de professores numa escola Normal, Lelis (1983) focalizou a dinâmica de sala de aula, os conteúdos das várias disciplinas do currículo, a atuação da equipe técnica da escola, as características dos alunos e como esses vários elementos interagiam para configurar as práticas de formação de professores.

4. *Os estudos de caso usam uma variedade de fontes de informação.* Ao desenvolver o estudo de caso, o pesquisador recorre a uma variedade de dados, coletados em diferentes momentos, em situações variadas e com uma variedade de tipos de informantes. Assim, se o estudo é feito numa escola, o pesquisador procurará fazer observações em situações de aula, de reuniões, de merenda, de entrada e de saída das crianças; estará coletando dados no início, no meio e no final do semestre letivo; ouvirá professores, pais, alunos, técnicos, serventes etc. Com essa variedade de informações, oriunda de fontes variadas, ele poderá cruzar informações, confirmar ou rejeitar hipóteses, descobrir novos dados, afastar suposições ou levantar hipóteses alternativas.

5. *Os estudos de caso revelam experiência vicária e permitem generalizações naturalísticas.* O pesquisador procura relatar as suas experiências durante o estudo de modo que o leitor ou usuário possa

Abordagens qualitativas de pesquisa | 23

fazer as suas "generalizações naturalísticas". Em lugar da pergunta: este caso é representativo do quê?, o leitor vai indagar: o que eu posso (ou não) aplicar deste caso na minha situação? A generalização naturalística (Stake, 1983) ocorre em função do conhecimento experiencial do sujeito, no momento em que este tenta associar dados encontrados no estudo com dados que são frutos das suas experiências pessoais. Por exemplo, ao ter contato com a pesquisa feita por Kramer e André (1984) sobre professores bem-sucedidos, uma determinada professora pode chegar à conclusão de que vários elementos da prática daqueles professores são confirmados pela sua própria prática docente, como, por exemplo, a ajuda individual aos alunos, harmonicamente associada ao manejo grupal. Esse dado, então, nesse momento se generalizou "naturalisticamente".

6. *Estudos de caso procuram representar os diferentes e às vezes conflitantes pontos de vista presentes numa situação social.* Quando o objeto ou situação estudados podem suscitar opiniões divergentes, o pesquisador vai procurar trazer para o estudo essa divergência de opiniões, revelando ainda o seu próprio ponto de vista sobre a questão. Desse modo é deixado aos usuários do estudo tirarem conclusões sobre esses aspectos contraditórios. Por exemplo, ao julgar um novo sistema de avaliação implantado nos cursos de formação de professores, o pesquisador procurará coletar a opinião de uma gama variada de alunos desses cursos, incluindo grupos mais ou menos críticos, poderá entrevistar os professores desses cursos procurando deliberadamente os que estão a favor e os que estão contra e incluirá sua própria opinião sobre a inovação.

O pressuposto que fundamenta essa orientação é o de que a realidade pode ser vista sob diferentes perspectivas, não havendo uma única que seja a mais verdadeira. Assim, são dados vários elementos para que o leitor possa chegar às suas próprias conclusões e decisões, além, evidentemente, das conclusões do próprio investigador.

7. *Os relatos do estudo de caso utilizam uma linguagem e uma forma mais acessível do que os outros relatórios de pesquisa.* Os dados do estudo

24 | Capítulo 2

de caso podem ser apresentados numa variedade de formas, tais como dramatizações, desenhos, fotografias, colagens, *slides*, discussões, mesas-redondas etc. Os relatos escritos apresentam, geralmente, um estilo informal, narrativo, ilustrado por figuras de linguagem, citações, exemplos e descrições. É possível também que um mesmo caso tenha diferentes formas de relato, dependendo do tipo de usuário a que se destina. A preocupação aqui é com uma transmissão direta, clara e bem articulada do caso e num estilo que se aproxime da experiência pessoal do leitor. Pode-se dizer que o caso é construído durante o processo de estudo; ele só se materializa enquanto caso, no relatório final, onde fica evidente se ele se constitui realmente num estudo de caso.

Um extrato do relatório da pesquisa de Salim (1984), que descreve a aula de leitura de uma professora de 1ª série, ilustra muito bem o tipo de linguagem de um estudo de caso:

> "A professora Alice contou-me que tomava a leitura individual na mesa, toda semana, mas só dos alunos que tinham cartilha. Mas o seu trabalho com leitura não se reduzia a isso. Vejamos como as coisas aconteciam em suas aulas. Inicia-se a aula. Quadro de giz despencando da parede, em péssimo estado, apoiado em cima de 4 cadeiras" (p. 123).

Em vista dessas várias características, pode-se indagar: em que o estudo de caso se distingue de outros tipos de pesquisa? A preocupação central ao desenvolver esse tipo de pesquisa é a compreensão de uma instância singular. Isso significa que o objeto estudado é tratado como único, uma representação singular da realidade que é multidimensional e historicamente situada. Desse modo, a questão sobre o caso ser ou não "típico", isto é, empiricamente representativo de uma população determinada, torna-se inadequada, já que cada caso é tratado como tendo um valor intrínseco.

2.3 O desenvolvimento de um estudo de caso

Nisbet e Watt (1978) caracterizam o desenvolvimento do estudo de caso em três fases, sendo uma primeira aberta ou exploratória, a segunda mais sistemática em termos de coleta de dados e a terceira consistin-

Abordagens qualitativas de pesquisa | 25

do na análise e interpretação sistemática dos dados e na elaboração do relatório. Como eles mesmos enfatizam, essas três fases se superpõem em diversos momentos, sendo difícil precisar as linhas que as separam.

2.3.1 A fase exploratória

O estudo de caso começa como um plano muito incipiente, que vai se delineando mais claramente à medida que o estudo se desenvolve. Podem existir inicialmente algumas questões ou pontos críticos (Stake, 1978) que vão sendo explicitados, reformulados ou abandonados na medida em que se mostrem mais ou menos relevantes na situação estudada. Essas questões ou pontos críticos iniciais podem ter origem no exame da literatura pertinente, podem ser fruto de observações e depoimentos feitos por especialista sobre o problema, podem surgir de um contato inicial com a documentação existente e com as pessoas ligadas ao fenômeno estudado ou podem ser derivados de especulações baseadas na experiência pessoal do pesquisador (ou grupos de pesquisadores).

Por exemplo, na pesquisa de Kramer e André (1984) os pontos críticos iniciais emergiram de uma análise das pesquisas e estudos sobre alfabetização e sobre a prática pedagógica das escolas de 1º grau. Um desses pontos emergentes foi o seguinte: que critério a professora efetivamente usa para considerar seus alunos alfabetizados? Esta se constituiu uma questão crítica na medida em que não tem uma resposta única, envolvendo discussão e debate e podendo ser enfocada sob diferentes pontos de vista.

Dentro da própria concepção de estudo de caso que pretende não partir de uma visão predeterminada da realidade, mas apreender os aspectos ricos e imprevistos que envolvem determinada situação, a fase exploratória se coloca como fundamental para uma definição mais precisa do objeto de estudo. É o momento de especificar as questões ou pontos críticos, de estabelecer os contatos iniciais para entrada em campo, de localizar os informantes e as fontes de dados necessárias para o estudo. Essa visão de abertura para a realidade tentando captá-la como ela é realmente, e não como quereria que fosse, deve existir não só nessa fase, mas no decorrer de todo o trabalho, já que a finalidade do estudo de caso é retratar uma unidade em ação.

26 | Capítulo 2

2.3.2 A delimitação do estudo

Uma vez identificados os elementos-chave e os contornos aproximados do problema, o pesquisador pode proceder à coleta sistemática de informações, utilizando instrumentos mais ou menos estruturados, técnicas mais ou menos variadas, sua escolha sendo determinada pelas características próprias do objeto estudado.

A importância de determinar os focos da investigação e estabelecer os contornos do estudo decorre do fato de que nunca será possível explorar todos os ângulos do fenômeno num tempo razoavelmente limitado. A seleção de aspectos mais relevantes e a determinação do recorte é, pois, crucial para atingir os propósitos do estudo de caso e para chegar a uma compreensão mais completa da situação estudada.

2.3.3 A análise sistemática e a elaboração do relatório

Já na fase exploratória do estudo surge a necessidade de juntar a informação, analisá-la e torná-la disponível aos informantes para que manifestem suas reações sobre a relevância e a acuidade do que é relatado. Esses "rascunhos" de relatório podem ser apresentados aos interessados por escrito ou constituir-se em apresentações visuais, auditivas, etc. Por exemplo, após determinado período de permanência em campo, o pesquisador pode preparar um relatório curto trazendo a análise de um determinado fato, o registro de uma observação, a transcrição de uma entrevista. Pode também fazer uma sessão de *slides,* mostrando algum aspecto interessante do estudo, ou organizar um mural de fotografias onde seja possível captar as reações imediatas sobre a validade do que foi apreendido.

Evidentemente, essas fases não se completam numa sequência linear, mas se interpolam em vários momentos, sugerindo apenas um movimento constante no confronto teoria-empiria.

2.3.4 A prática do estudo de caso

Há uma série de problemas que podem ser evocados quanto ao planejamento ou desenvolvimento do estudo de caso, entre os quais

Abordagens qualitativas de pesquisa | **27**

se destacam a escolha do típico ou atípico e a questão da generalização dos resultados.

A decisão sobre o caso ser ou não "típico", isto é, empiricamente representativo de uma população determinada, afeta necessariamente a questão da generalização. Como cada "caso" é tratado como único, singular, a possibilidade de generalização passa a ter menor relevância, como lembra muito bem Aparecida Joly Gouveia (1984). Isso é muito claro, já que o interesse se volta para a investigação sistemática de uma instância específica. Assim, a questão de escolher, por exemplo, uma escola comum da rede pública ou uma escola que esteja desenvolvendo um trabalho especial dependerá do tema de interesse, o que vai determinar se é num tipo de escola ou em outro que a sua manifestação se dará de forma mais completa, mais rica e mais natural. Quanto à generalização do que foi apreendido num tipo de contexto para outros contextos semelhantes, dependerá muito do tipo de leitor ou do usuário do estudo.

É possível, por exemplo, que o leitor perceba a semelhança de muitos aspectos desse caso particular com outros casos ou situações por ele vivenciados, estabelecendo assim uma "generalização naturalística" (Stake, 1978). Esse tipo de generalização ocorre, no âmbito do indivíduo, através de um processo que envolve conhecimento formal, mas também impressões, sensações, intuições, ou seja, aquilo que Polanyi chama de "conhecimento tácito". O estudo de caso parte do princípio de que o leitor vá usar esse conhecimento tácito para fazer as generalizações e desenvolver novas ideias, novos significados, novas compreensões.

Existe também um outro tipo de generalização, que fica mais restrito ao âmbito profissional ou acadêmico, onde diferentes leitores reconhecem as bases comuns de diferentes estudos de caso desenvolvidos em diferentes contextos. A identificação desses aspectos comuns e recorrentes vai permitir, assim, uma ampliação e maior solidez no conhecimento do objeto estudado.

Concluindo, podemos dizer que o estudo de caso "qualitativo" ou "naturalístico" encerra um grande potencial para conhecer e compreender melhor os problemas da escola. Ao retratar o cotidiano escolar

28 | Capítulo 2

em toda a sua riqueza, esse tipo de pesquisa oferece elementos preciosos para uma melhor compreensão do papel da escola e suas relações com outras instituições da sociedade.

Referências bibliográficas

BECKER, H. Problems of inference and proof in participant observation. *American Sociological Review,* 23, 1958.

BOODAN, R.; BIKLEN, S.K. *Qualitative research for education.* Boston: Allyn and Bacon, Inc., 1982

FIRESTONE, W.A.; DAWSON, J.A. To ethnograph or not to ethnograph? Varieties of qualitative research in education. *Research for Better Schools.* Philadelphia, Pen.: 1981.

GOODE; HATT, K. *Métodos em pesquisa social.* São Paulo: Cia. Editora Nacional, 1968.

GOUVEIA, A.J. Notas a respeito das diferentes propostas metodológicas apresentadas. *Cadernos de Pesquisa,* nº 49, maio 1984, p. 67-70.

HALL, O.E. *Ethnographers and etnographic data, an iceberg of the first order for the research manager.* Trabalho apresentado na reunião da AERA, Toronto, 1978.

KRAMER, S.; ANDRÉ, M.E.D.A. Alfabetização: um estudo sobre professores das camadas populares. *Revista Brasileira de Estudos Pedagógicos,* 151: 523-537, set. /dez. 1984.

LELIS, I.A.O.M. *A formação do professor para a escola básica: da denúncia ao anúncio de uma nova prática.* Dissertação de Mestrado, PUC-Rio, 1983.

NISBET, J.; WATT, J. *Case study.* Readguide 26: Guides in Educational Research. University of Nottingham School of Education, 1978.

PENIN, S.T.S. Uma escola primária na periferia de São Paulo: *Cadernos de Pesquisa,* 46, ago. 1983.

SALIM, T.M. *Alfabetização: ponto de partida ou ponto final?* Dissertação de Mestrado. PUC-Rio, 1984.

STAKE, R.E. Pesquisa qualitativa/naturalista – Problemas epistemológicos. *Educação e Seleção,* 7: 19-27, jan./jun. 1983.

STUBBS, M.; DELAMONT, S. (org.). *Explorations in classroom observation.* London: John Wiley, 1976.

WILSON, S. The use of ethnographic techniques in educational research. *Review of Educational Research,* 47: 245-265, 1977.

WOLCOTT, H. W. Criteria for an ethnographic approach to research in education. *Human Organization,* 34: 111-128, 1975.

Capítulo 3

Métodos de coleta de dados: observação, entrevista e análise documental

3.1 Observação

É fato bastante conhecido que a mente humana é altamente seletiva. É muito provável que, ao olhar para um mesmo objeto ou situação, duas pessoas enxerguem diferentes coisas. O que cada pessoa seleciona para "ver" depende muito de sua história pessoal e principalmente de sua bagagem cultural. Assim, o tipo de formação de cada pessoa, o grupo social a que pertence, suas aptidões e predileções fazem com que sua atenção se concentre em determinados aspectos da realidade, desviando-se de outros.

Do mesmo modo, as observações que cada um de nós faz na nossa vivência diária são muito influenciadas pela nossa história pessoal, o que nos leva a privilegiar certos aspectos da realidade e negligenciar outros. Como então confiar na observação como um método científico?

Para que se torne um instrumento válido e fidedigno de investigação científica, a observação precisa ser antes de tudo controlada e sistemática. Isso implica a existência de um planejamento cuidadoso do trabalho e uma preparação rigorosa do observador.

30 | Capítulo 3

Planejar a observação significa determinar com antecedência "o quê" e "o como" observar. A primeira tarefa, pois, no preparo das observações é a delimitação do objeto de estudo. Definindo-se claramente o foco da investigação e sua configuração espaço-temporal, ficam mais ou menos evidentes quais aspectos do problema serão cobertos pela observação e qual a melhor forma de captá-los. Cabem ainda nessa etapa as decisões mais específicas sobre o grau de participação do observador, a duração das observações etc.

Na fase de planejamento deve estar previsto também o treinamento do observador. Segundo Patton (1980), para realizar as observações é preciso preparo material, físico, intelectual e psicológico. O observador, diz ele, precisa aprender a fazer registros descritivos, saber separar os detalhes relevantes dos triviais, aprender a fazer anotações organizadas e utilizar métodos rigorosos para validar suas observações. Além disso, precisa preparar-se mentalmente para o trabalho, aprendendo a se concentrar durante a observação, o que exige um treinamento dos sentidos para se centrar nos aspectos relevantes. Esse treinamento pode ocorrer em situações simuladas ou no próprio local em que ocorrerá a coleta definitiva de dados, bastando para isso que seja reservada uma quantidade específica de tempo para essa atividade.

3.1.1 A observação nas abordagens qualitativas

Tanto quanto a entrevista, a observação ocupa um lugar privilegiado nas novas abordagens de pesquisa educacional. Usada como o principal método de investigação ou associada a outras técnicas de coleta, a observação possibilita um contato pessoal e estreito do pesquisador com o fenômeno pesquisado, o que apresenta uma série de vantagens. Em primeiro lugar, a experiência direta é sem dúvida o melhor teste de verificação da ocorrência de determinado fenômeno. "Ver para crer", diz o ditado popular.

Sendo o principal instrumento da investigação, o observador pode recorrer aos conhecimentos e experiências pessoais como auxiliares no processo de compreensão e interpretação do fenômeno estudado. A introspecção e a reflexão pessoal têm papel importante na pesquisa naturalística.

Métodos de coleta de dados | **31**

A observação direta permite também que o observador chegue mais perto da "perspectiva dos sujeitos", um importante alvo nas abordagens qualitativas. Na medida em que o observador acompanha *in loco* as experiências diárias dos sujeitos, pode tentar apreender a sua visão de mundo, isto é, o significado que eles atribuem à realidade que os cerca e às suas próprias ações.

Além disso, as técnicas de observação são extremamente úteis para "descobrir" aspectos novos de um problema. Isto se torna crucial nas situações em que não existe uma base teórica sólida que oriente a coleta de dados. Finalmente, a observação permite a coleta de dados em situações em que é impossível outras formas de comunicação. Por exemplo, quando o informante não pode falar - é o caso dos bebês - ou quando a pessoa deliberadamente não quer fornecer certo tipo de informação, por motivos diversos.

Ao mesmo tempo que o contato direto e prolongado do pesquisador com a situação pesquisada apresenta as vantagens mencionadas, envolve também uma série de problemas. Algumas críticas são feitas ao método de observação, primeiramente por provocar alterações no ambiente ou no comportamento das pessoas observadas. Outra crítica é a de que este método se baseia muito na interpretação pessoal. Além disso, há críticas no sentido de que o grande envolvimento do pesquisador leve a uma visão distorcida do fenômeno ou a uma representação parcial da realidade.

Essas objeções são todas refutadas por Guba e Lincoln (1981). Eles argumentam que as alterações provocadas no ambiente pesquisado são em geral muito menores do que se pensa. Apoiando-se em Reinharz (1979), eles justificam que os ambientes sociais são relativamente estáveis, de modo que a presença de um observador dificilmente causará as mudanças que os pesquisadores procuram tanto evitar. Guba e Lincoln afirmam também que as críticas feitas à observação, por se basearem fundamentalmente na interpretação pessoal, têm origem no ponto de vista "objetivista", que condena qualquer uso da experiência direta. Os autores afirmam ainda que o pesquisador pode utilizar uma série de meios para verificar se o seu envolvimento intenso está

32 | Capítulo 3

levando a uma visão parcial e tendenciosa do fenômeno. Ele pode, por exemplo, confrontar o que vai captando da realidade com o que esperava encontrar. Se não houver discrepância, é possível que esteja havendo parcialidade. Ele pode também confrontar as primeiras ideias com as que surgiram mais tarde. Pode ainda comparar as primeiras anotações com os registros feitos ao longo do estudo. Se não houver diferenças entre esses momentos, é provável que o pesquisador esteja apenas querendo confirmar ideias preconcebidas.

3.1.2 Variações nos métodos de observação

Tendo determinado que a observação é o método mais adequado para investigar determinado problema, o pesquisador depara ainda com uma série de decisões quanto ao seu grau de participação no trabalho, quanto à explicitação do seu papel e dos propósitos da pesquisa junto aos sujeitos e quanto à forma da sua inserção na realidade.

As questões sobre o grau de participação do pesquisador aqui enfocadas são muito similares às que surgem nos trabalhos de observação participante, que tem sua tradição na antropologia e na sociologia. Segundo Denzin (1978), a observação participante é "uma estratégia de campo que combina simultaneamente a análise documental, a entrevista de respondentes e informantes, a participação e a observação direta e a introspecção" (p. 183).

É uma estratégia que envolve, pois, não só a observação direta mas todo um conjunto de técnicas metodológicas pressupondo um grande envolvimento do pesquisador na situação estudada.

Decidir qual o grau de envolvimento no trabalho de pesquisa não significa decidir simplesmente que a observação será ou não participante. A escolha é feita geralmente em termos de um *continuum* que vai desde uma imersão total na realidade até um completo distanciamento. As variações dentro desse *continuum* são muitas e podem inclusive mudar conforme o desenrolar do estudo. Pode acontecer que o pesquisador comece o trabalho como um espectador e vá gradualmente se tornando um participante. Pode também ocorrer o contrário, isto é, pode haver uma imersão total na fase inicial do estudo e um distanciamento gradativo nas fases subsequentes.

Métodos de coleta de dados | **33**

Evidentemente, o pesquisador pode decidir desde o início do estudo que atuará como um participante total do grupo, assumindo inclusive um compromisso político de ação conjunta nos moldes da pesquisa participante.[1] Esse tipo específico de envolvimento, entretanto, deve ser analisado no contexto da pesquisa participante, o que fugiria aos objetivos deste livro.

Outro tipo de decisão que o pesquisador deve enfrentar é em que medida tornará explícito o seu papel e os propósitos de estudo. Aqui também pode haver variações dentro de um *continuum* que vai desde a total explicitação até a não revelação. Buford Junker (1971) situa quatro pontos dentro desse *continuum:* 1. participante total; 2. participante como observador; 3. observador como participante; e 4. observador total.

No papel de "participante total", o observador não revela ao grupo sua verdadeira identidade de pesquisador nem o propósito do estudo. O que ele busca com isso é tornar-se um membro do grupo para se aproximar o mais possível da "perspectiva dos participantes". Nesse papel, o pesquisador fica com acesso limitado às relações estabelecidas fora do grupo ou às ligações do grupo com o sistema social mais amplo. Por exemplo, se um pesquisador quer conhecer o sistema de ensino supletivo "por dentro", ele pode desenvolver seu trabalho como um participante total, matriculando-se num curso supletivo como se fosse um aluno. Com isso ele pode avaliar o curso por dentro, mas deixará de ter a visão do sistema como um todo, além, evidentemente, dos problemas éticos implícitos no papel de "fingir" algo que não é.

O "participante como observador", segundo Junker (1971), não oculta totalmente suas atividades, mas revela apenas parte do que pretende. Por exemplo, ao explicar os objetivos do seu trabalho para o pessoal de uma escola, o pesquisador pode enfatizar que centrará a observação nos comportamentos dos alunos, embora pretenda também focalizar o grupo de técnicos ou os próprios professores. A preocupação é não deixar totalmente claro o que pretende, para não

---

[1] A propósito da pesquisa participante, veja trabalhos de Carlos R. Brandão, especialmente *Pesquisa Participante,* Brasiliense, 1981.

34 | Capítulo 3

provocar muitas alterações no comportamento do grupo observado. Esta posição também envolve questões éticas óbvias.

O "observador como participante" é um papel em que a identidade do pesquisador e os objetivos do estudo são revelados ao grupo pesquisado desde o início. Nessa posição, o pesquisador pode ter acesso a uma gama variada de informações, até mesmo confidenciais, pedindo cooperação ao grupo. Contudo, terá em geral que aceitar o controle do grupo sobre o que será ou não tornado público pela pesquisa.

O papel de "observador total" é aquele em que o pesquisador não interage com o grupo observado. Nesse papel ele pode desenvolver a sua atividade de observação sem ser visto, ficando por detrás de uma parede espelhada, ou pode estar na presença do grupo sem estabelecer relações interpessoais. Mais uma vez há questões éticas envolvidas na obtenção de informações sem a concordância do grupo.

Outra dimensão em que a observação pode variar é quanto à duração do período de permanência do observador em campo. Contrariamente aos estudos antropológicos e sociológicos, em que o investigador permanece no mínimo seis meses e frequentemente vários anos convivendo com um grupo, os estudos da área de educação têm sido muito mais curtos.

Ao rever 51 estudos qualitativos da área de educação desenvolvidos nos Estados Unidos de 1977 a 1980, Ross e Kyle (1982) concluíram que o período de observação nesses estudos variava entre seis semanas e três anos, com ampla variedade dentro desse intervalo.

Em algumas pesquisas pode ser interessante haver diversos períodos curtos de observações intensivas para verificar, por exemplo, mudanças havidas num determinado programa ao longo do tempo. Em outros estudos pode ser mais adequado concentrar as observações em determinados momentos, digamos no final de cada bimestre escolar.

A decisão sobre a extensão do período de observação deve depender, acima de tudo, do tipo de problema que está sendo estudado e do propósito do estudo. Um aspecto que deve ser levado em conta nessa decisão é que, quanto mais curto o período de observação, maior a probabilidade de conclusões apressadas, o que compromete a validade do estudo. Por outro lado, um longo período de permanência em

Métodos de coleta de dados | 35

campo por si só não garante validade. É preciso levar em conta outros fatores, como a habilidade e experiência do observador, a possibilidade de acesso aos dados, a receptividade do trabalho pelo grupo, a finalidade dos resultados etc.

Os problemas relacionados à validade e confiabilidade dos dados e as questões éticas relacionadas à observação serão mais explorados no próximo capítulo.

3.1.3 O conteúdo das observações

Os focos de observação nas abordagens qualitativas de pesquisa são determinados basicamente pelos propósitos específicos do estudo, que por sua vez derivam de um quadro teórico geral, traçado pelo pesquisador. Com esses propósitos em mente, o observador inicia a coleta de dados buscando sempre manter uma perspectiva de totalidade, sem se desviar demasiado de seus focos de interesse. Para isso, é particularmente útil que ele oriente a sua observação em torno de alguns aspectos, de modo que ele nem termine com um amontoado de informações irrelevantes nem deixe de obter certos dados que vão possibilitar uma análise mais completa do problema.

Baseados em sua experiência de trabalho de campo, alguns autores, como Patton (1980) e Bogdan e Biklen (1982) apresentam várias sugestões sobre o que deve ser incluído nas anotações de campo. Segundo Bogdan e Biklen, o conteúdo das observações deve envolver uma parte descritiva e uma parte mais reflexiva. A parte descritiva compreende um registro detalhado do que ocorre "no campo", ou seja:

1. *Descrição dos sujeitos.* Sua aparência física, seus maneirismos, seu modo de vestir, de falar e de agir. Os aspectos que os distinguem dos outros devem ser também enfatizados.

2. *Reconstrução de diálogos.* As palavras, os gestos, os depoimentos, as observações feitas entre os sujeitos ou entre estes e o pesquisador devem ser registrados. Na medida do possível devem-se utilizar as suas próprias palavras. As citações são extremamente úteis para analisar, interpretar e apresentar os dados.

36 | Capítulo 3

3. *Descrição de locais.* O ambiente onde é feita a observação deve ser descrito. O uso de desenhos ilustrando a disposição dos móveis, o espaço físico, a apresentação visual do quadro de giz, dos cartazes, dos materiais de classe podem também ser elementos importantes a ser registrados.

4. *Descrição de eventos especiais.* As anotações devem incluir o que ocorreu, quem estava envolvido e como se deu esse envolvimento.

5. *Descrição das atividades.* Devem ser descritas as atividades gerais e os comportamentos das pessoas observadas, sem deixar de registrar a sequência em que ambos ocorrem.

6. *Os comportamentos do observador.* Sendo o principal instrumento da pesquisa, é importante que o observador inclua nas suas anotações as suas atitudes, ações e conversas com os participantes durante o estudo.

A parte reflexiva das anotações inclui as observações pessoais do pesquisador, feitas durante a fase de coleta: suas especulações, sentimentos, problemas, ideias, impressões, preconcepções, dúvidas, incertezas, surpresas e decepções. As reflexões podem ser de vários tipos:

1. *Reflexões analíticas.* Referem-se ao que está sendo "aprendido" no estudo, isto é, temas que estão emergindo, associações e relações entre partes, novas ideias surgidas.

2. *Reflexões metodológicas.* Nestas estão envolvidos os procedimentos e estratégias metodológicas utilizados, as decisões sobre o delineamento (*design*) do estudo, os problemas encontrados na obtenção dos dados e a forma de resolvê-los.

3. *Dilemas éticos e conflitos.* Aqui entram as questões surgidas no relacionamento com os informantes, quando podem surgir conflitos entre a responsabilidade profissional do pesquisador e o compromisso com os sujeitos.

4. *Mudanças na perspectiva do observador.* É importante que sejam anotadas as expectativas, opiniões, preconceitos e conjeturas do observador e sua evolução durante o estudo.

5. *Esclarecimentos necessários.* As anotações devem também conter pontos a serem esclarecidos, aspectos que parecem confusos, re-

Métodos de coleta de dados | 37

lações a serem explicitadas, elementos que necessitam de maior exploração.

Evidentemente, essas sugestões não podem ser tomadas como normas ou listas de checagem para o desenvolvimento do estudo. São apenas diretrizes gerais que podem orientar a seleção do que observar e ajudar a organização dos dados.

3.1.4 O *registro das observações*

Há formas muito variadas de registrar as observações. Alguns farão apenas anotações escritas, outros combinarão as anotações com o material transcrito de gravações. Outros ainda registrarão os eventos através de filmes, fotografias, *slides* ou outros equipamentos.

Embora pudéssemos discutir as vantagens e desvantagens desses diferentes procedimentos, preferimos falar apenas do registro escrito, que é a forma mais frequentemente utilizada nos estudos de observação.

Não há, evidentemente, regras para fazer as anotações, mas apenas sugestões práticas, que podem ser úteis pelo menos ao pesquisador iniciante. As considerações principais nesse sentido referem-se a quando, como e onde fazer as anotações.

Uma regra geral sobre quando devem ser feitas as anotações é que, quanto mais próximo do momento da observação, maior sua acuidade. Isso, no entanto, vai depender do papel do observador e das suas relações com o grupo observado. O "participante total" evidentemente não poderá fazer o registro na presença dos informantes, já que seu papel de pesquisador não é revelado ao grupo. O "observador total", em geral, não vai encontrar muitos problemas, já que ele ou não está à vista do grupo ou está exercendo declaradamente um papel de observador. Os dois papéis que envolvem uma combinação de observador e participante é que podem encontrar mais dificuldades. Pode ser, por exemplo, inviável fazer anotações no momento da observação porque isso compromete a interação com o grupo. Nesse caso o observador procurará encontrar o mais breve possível uma ocasião em que possa completar suas notas, para que não precise confiar muito na memória,

38 | Capítulo 3

sabidamente falível. Não será nada fácil para o pesquisador encontrar um momento propício para fazer as suas anotações, que não seja muito distante dos eventos observados, para não haver esquecimento, nem provoque dúvidas nos participantes sobre seu verdadeiro papel.

A forma de registrar os dados também pode variar muito, dependendo da situação específica de observação. Do ponto de vista essencialmente prático, é interessante que, ao iniciar cada registro, o observador indique o dia, a hora, o local da observação e o seu período de duração. Ao fazer as anotações, é igualmente útil deixar uma margem para a codificação do material ou para observações gerais.

Sempre que possível, é interessante deixar bem distinto, em termos visuais, as informações essencialmente descritivas, as falas, as citações e as observações pessoais do pesquisador. Outro procedimento prático é mudar de parágrafo a cada nova situação observada ou a cada nova personagem apresentada. Essas medidas têm um caráter meramente prático, no sentido de ajudar a organização e a análise dos dados, tarefa extremamente trabalhosa e estafante.

Finalmente, a decisão sobre o tipo de material onde serão feitas as anotações também vai depender muito do estilo pessoal de cada observador. Alguns podem preferir um papel de tamanho pequeno, para não chamar muito a atenção; outros se sentirão muito mais à vontade usando fichários ou folhas avulsas para facilitar o arquivamento e a posterior classificação. Outros poderão adotar um tipo de material que mantenha junto todo o conjunto de observações, para fazer consultas às informações já obtidas sempre que necessário.

3.2 A entrevista

Ao lado da observação, a entrevista representa um dos instrumentos básicos para a coleta de dados, dentro da perspectiva de pesquisa que estamos desenvolvendo neste livro. Esta é, aliás, uma das principais técnicas de trabalho em quase todos os tipos de pesquisa utilizados nas ciências sociais. Ela desempenha importante papel não apenas nas atividades científicas como em muitas outras atividades humanas. Estamos habituados e muitas vezes ficamos irritados com o seu uso e abuso pe-

Métodos de coleta de dados | **39**

los meios de comunicação de massa, especialmente pela televisão, que nos atinge de forma tão direta e onde podemos flagrar frequentemente a inabilidade de um entrevistador que antecipa e força a resposta do informante, através da própria pergunta, quase não deixando margem de liberdade de resposta, a não ser a própria confirmação. E que dizer do repórter ansioso, que não hesita em formular as questões mais cruas às vítimas da tragédia recém-acontecida? Pois essa poderosa arma de comunicação, às vezes tão canhestramente empregada, pode ser de enorme utilidade para a pesquisa em educação. É preciso, para tanto, conhecer os seus limites e respeitar as suas exigências.

De início, é importante atentar para o caráter de interação que permeia a entrevista. Mais do que outros instrumentos de pesquisa, que em geral estabelecem uma relação hierárquica entre o pesquisador e o pesquisado, como na observação unidirecional, por exemplo, ou na aplicação de questionários ou de técnicas projetivas, na entrevista a relação que se cria é de interação, havendo uma atmosfera de influência recíproca entre quem pergunta e quem responde. Especialmente nas entrevistas não totalmente estruturadas, onde não há a imposição de uma ordem rígida de questões, o entrevistado discorre sobre o tema proposto com base nas informações que ele detém e que no fundo são a verdadeira razão da entrevista. Na medida em que houver um clima de estímulo e de aceitação mútua, as informações fluirão de maneira natural e autêntica.

A grande vantagem da entrevista sobre outras técnicas é que ela permite a captação imediata e corrente da informação desejada, praticamente com qualquer tipo de informante e sobre os mais variados tópicos. Uma entrevista benfeita pode permitir o tratamento de assuntos de natureza estritamente pessoal e íntima, assim como temas de natureza complexa e de escolhas nitidamente individuais. Pode permitir o aprofundamento de pontos levantados por outras técnicas de coleta de alcance mais superficial, como o questionário. E pode também, o que a torna particularmente útil, atingir informantes que não poderiam ser atingidos por outros meios de investigação, como é o caso de pessoas com pouca instrução formal, para as quais a aplicação de um questionário escrito seria inviável.

40 | Capítulo 3

Como se realiza cada vez de maneira exclusiva, seja com indivíduos ou com grupos, a entrevista permite correções, esclarecimentos e adaptações que a tornam sobremaneira eficaz na obtenção das informações desejadas. Enquanto outros instrumentos têm seu destino selado no momento em que saem das mãos do pesquisador que os elaborou, a entrevista ganha vida ao se iniciar o diálogo entre o entrevistador e o entrevistado.

A liberdade de percurso está, como já foi assinalado, associada especialmente à entrevista não estruturada ou não padronizada. Quando o entrevistador tem que seguir muito de perto um roteiro de perguntas feitas a todos os entrevistados de maneira idêntica e na mesma ordem, tem-se uma situação muito próxima da aplicação de um questionário, com a vantagem óbvia de se ter o entrevistador presente para algum eventual esclarecimento. Essa é a chamada entrevista padronizada ou estruturada, que é usada quando se visa à obtenção de resultados uniformes entre os entrevistados, permitindo assim uma comparação imediata, em geral mediante tratamentos estatísticos. Entre esses dois tipos extremos se situa a entrevista semiestruturada, que se desenrola a partir de um esquema básico, porém não aplicado rigidamente, permitindo que o entrevistador faça as necessárias adaptações.

Parece-nos claro que o tipo de entrevista mais adequado para o trabalho de pesquisa que se faz atualmente em educação aproxima-se mais dos esquemas mais livres, menos estruturados. As informações que se quer obter, e os informantes que se quer contatar, em geral professores, diretores, orientadores, alunos e pais, são mais convenientemente abordáveis através de um instrumento mais flexível. Quando se pretende levantar rápida e superficialmente as tendências eleitorais ou as preferências por determinados produtos do mercado, então é o caso de se aplicar uma entrevista padronizada, que permita reunir em curto espaço de tempo a opinião de um grupo numeroso de pessoas. Mas, quando se quer conhecer, por exemplo, a visão de uma professora sobre o processo de alfabetização em uma escola de periferia ou a opinião de uma mãe sobre um problema de indisciplina ocorrido com seu filho, então é melhor nos prepararmos para uma entrevista mais longa, mais cuidada, feita provavelmente com base em um roteiro, mas com grande flexibilidade.

Métodos de coleta de dados | **41**

Há uma série de exigências e de cuidados requeridos por qualquer tipo de entrevista. Em primeiro lugar, um respeito muito grande pelo entrevistado. Esse respeito envolve desde um local e horário marcados e cumpridos de acordo com sua conveniência até a perfeita garantia do sigilo e anonimato em relação ao informante, se for o caso. Igualmente respeitado deve ser o universo próprio de quem fornece as informações, as opiniões, as impressões, enfim, o material em que a pesquisa está interessada. Uma das principais distorções que invalidam frequentemente as informações recolhidas por uma entrevista é justamente o que se pode chamar de imposição de uma problemática. M. Thiollent trata muito bem desse assunto em seu livro já citado (Thiollent, 1980). Muitas vezes, apesar de se utilizar de vocabulário cuidadosamente adequado ao nível de instrução do informante, o entrevistador introduz um questionamento que nada tem a ver com seu universo de valores e preocupações. E a tendência do entrevistado, em ocasiões como essas, é a de apresentar respostas que confirmem as expectativas do questionador, resolvendo assim da maneira mais fácil uma problemática que não é a sua.

Ao lado do respeito pela cultura e pelos valores do entrevistado, o entrevistador tem que desenvolver uma grande capacidade de ouvir atentamente e de estimular o fluxo natural de informações por parte do entrevistado. Essa estimulação não deve, entretanto, forçar o rumo das respostas para determinada direção. Deve apenas garantir um clima de confiança, para que o informante se sinta à vontade para se expressar livremente.

Há na literatura específica de metodologia da pesquisa, disponível em português, várias obras muito boas tratando da entrevista. Algumas delas, indicadas no final deste livro, devem ser consultadas pelo pesquisador iniciante ao se propor o emprego dessa importante técnica. Dentro do âmbito deste livro podemos apenas tratar de maneira geral de suas principais aplicações e exigências no campo da pesquisa em educação.

Tratando-se de pesquisa sobre o ensino, a escola e seus problemas, o currículo, a legislação educacional, a administração escolar, a supervisão, a avaliação, a formação de professores, o planejamento do ensino, as relações entre a escola e a comunidade, enfim, toda essa

42 | Capítulo 3

vasta rede de assuntos que entram no dia a dia do sistema escolar, podemos estar seguros de que, ao entrevistarmos professores, diretores, orientadores, supervisores e mesmo pais de alunos não lhes estaremos certamente impondo uma problemática estranha, mas, ao contrário, tratando com eles de assuntos que lhes são muito familiares sobre os quais discorrerão com facilidade.

Será preferível e mesmo aconselhável o uso de um roteiro que guie a entrevista através dos tópicos principais a serem cobertos. Esse roteiro seguirá naturalmente uma certa ordem lógica e também psicológica, isto é, cuidará para que haja uma sequência lógica entre os assuntos, dos mais simples aos mais complexos, respeitando o sentido do seu encadeamento. Mas atentará também para as exigências psicológicas do processo, evitando saltos bruscos entre as questões, permitindo que elas se aprofundem no assunto gradativamente e impedindo que questões complexas e de maior envolvimento pessoal, colocadas prematuramente, acabem por bloquear as respostas às questões seguintes.

Quase todos os autores, ao tratar da entrevista, acabam por reconhecer que ela ultrapassa os limites da técnica, dependendo em grande parte das qualidades e habilidades do entrevistador. É inegável que há qualidades específicas que denotam o entrevistador competente, tais como uma boa capacidade de comunicação verbal, aliada a uma boa dose de paciência para ouvir atentamente. Mas é inegável também que essas e outras qualificações do bom entrevistador podem ser desenvolvidas através do estudo e da prática, principalmente se esta partir da observação de outro entrevistador mais experiente, que possa inclusive funcionar como supervisor da prática do iniciante. Não há receitas infalíveis a serem seguidas, mas sim cuidados a serem observados e que, aliados à inventiva honesta e atenta do condutor, levarão a uma boa entrevista.

Um desses cuidados é o que alguns autores chamam de "atenção flutuante" (Thiollent, 1980). O entrevistador precisa estar atento não apenas (e não rigidamente, sobretudo) ao roteiro preestabelecido e às respostas verbais que vai obtendo ao longo da interação. Há toda uma gama de gestos, expressões, entonações, sinais não verbais, hesitações, alterações de ritmo, enfim, toda uma comunicação não verbal cuja

Métodos de coleta de dados | **43**

captação é muito importante para a compreensão e a validação do que foi efetivamente dito. Não é possível aceitar plena e simplesmente o discurso verbalizado como expressão da verdade ou mesmo do que pensa ou sente o entrevistado. É preciso analisar e interpretar esse discurso à luz de toda aquela linguagem mais geral e depois confrontá-lo com outras informações da pesquisa e 'dados sobre o informante.

Outro aspecto importante da entrevista merece ser abordado aqui, nesta visão geral desse instrumento. Como registrar os dados obtidos? As duas grandes formas de registros suscitam grandes discussões entre os especialistas e carregam consigo seus defeitos e virtudes. São elas a gravação direta e a anotação durante a entrevista. A gravação tem a vantagem de registrar todas as expressões orais, imediatamente, deixando o entrevistador livre para prestar toda a sua atenção ao entrevistado. Por outro lado, ela *só registra* as expressões orais, deixando de lado as expressões faciais, os gestos, as mudanças de postura e pode representar para alguns entrevistados um fator constrangedor. Nem todos se mantêm inteiramente à vontade e naturais ao ter sua fala gravada. Outra dificuldade grande em relação à entrevista gravada é a sua transcrição para o papel. Essa operação é bem mais trabalhosa do que geralmente se imagina, consumindo muitas horas e produzindo um resultado ainda bastante cru, isto é, onde as informações aparecem num todo mais ou menos indiferenciado, sendo difícil distinguir as menos importantes daquelas realmente centrais. Será necessária uma comparação desse material com a gravação para se estabelecerem as prioridades, com o auxílio, é claro, da memória do entrevistador.

O registro feito por meio de notas durante a entrevista certamente deixará de cobrir muitas das coisas ditas e vai solicitar a atenção e o esforço do entrevistador, além do tempo necessário para escrever. Mas, em compensação, as notas já representam um trabalho inicial de seleção e interpretação das informações emitidas. O entrevistador já vai percebendo o que é suficientemente importante para ser tomado nota e vai assinalando de alguma forma o que vem acompanhado com ênfases, seja do lado positivo ou do negativo. Aqui se percebe bem a importância da prática, da habilidade desenvolvida pelo entrevistador para conseguir ao mesmo tempo manter um clima de atenção e interesse pela fala do entrevistado, enquanto arranja uma maneira de ir

44 | Capítulo 3

anotando o que é importante. Essa maneira é específica de cada um, mas não representa nada de mágico ou misterioso, podendo perfeitamente ser encontrada a partir de um acordo com o próprio entrevistado. É muito importante que o entrevistado esteja bem informado sobre os objetivos da entrevista e de que as informações fornecidas serão utilizadas exclusivamente para fins de pesquisa, respeitando-se sempre o sigilo em relação aos informantes. É preciso que ele concorde, a partir dessa confiança, em responder às questões, sabendo, portanto, que algumas notas têm que ser tomadas e até aceitando um ritmo com pausas destinadas a isso.

É indispensável que o entrevistador disponha de tempo, logo depois de finda a entrevista, para preencher os claros deixados nas anotações, enquanto a memória ainda está quente. Se deixar passar muito tempo, certamente será traído por ela, perdendo aspectos importantes da entrevista que lhe custou tanto esforço.

A escolha de uma ou outra forma de registro será feita em função de vários fatores, como vimos, e também da preferência, do estilo de cada entrevistador. Em alguns casos é possível até utilizar as duas formas concomitantemente. De qualquer maneira, é importante lembrar que, ao decidirmos pela entrevista, estamos assumindo uma das técnicas de coleta de dados mais dispendiosas, especialmente pelo tempo e qualificação exigidos do entrevistador. Quanto mais preparado estiver ele, quanto mais informado sobre o tema em estudo e o tipo de informante que abordará, maior será, certamente, o proveito obtido com a entrevista. Como em qualquer outra técnica, é necessário verificar cuidadosamente se as informações pretendidas exigem mesmo essa técnica ou se poderiam ser conseguidas por outros meios de aplicação mais fácil e menos cara.

3.3 A análise documental[2]

Embora pouco explorada não só na área de educação como em outras áreas de ação social, a análise documental pode se constituir

---

[2] Uma versão preliminar desta seção foi publicada na revista *Tecnologia Educacional*, ABT, nº 46, maio/jun. 1982, p. 40-45.

Métodos de coleta de dados | **45**

numa técnica valiosa de abordagem de dados qualitativos, seja complementando as informações obtidas por outras técnicas, seja desvelando aspectos novos de um tema ou problema.

São considerados documentos "quaisquer materiais escritos que possam ser usados como fonte de informação sobre o comportamento humano" (Phillips, 1974, p. 187). Estes incluem desde leis e regulamentos, normas, pareceres, cartas, memorandos, diários pessoais, autobiografias, jornais, revistas, discursos, roteiros de programas de rádio e televisão até livros, estatísticas e arquivos escolares.

Mas que é análise documental? Quais as vantagens do uso de documentos na pesquisa? Quando é apropriado o uso desta técnica? Como utilizá-la?

Segundo Caulley (1981), a análise documental busca identificar informações factuais nos documentos a partir de questões ou hipóteses de interesse. Por exemplo, uma circular distribuída aos professores de uma escola convidando-os para uma reunião pedagógica poderia ser examinada no sentido de buscar evidências para um estudo das relações de autoridade dentro da escola.

Guba e Lincoln (1981) apresentam uma série de vantagens para o uso de documentos na pesquisa ou na avaliação educacional. Em primeiro lugar destacam o fato de que os documentos constituem uma fonte estável e rica. Persistindo ao longo do tempo, os documentos podem ser consultados várias vezes e inclusive servir de base a diferentes estudos, o que dá mais estabilidade aos resultados obtidos.

Os documentos constituem também uma fonte poderosa de onde podem ser retiradas evidências que fundamentem afirmações e declarações do pesquisador. Representam ainda uma fonte "natural" de informação. Não são apenas uma fonte de informação contextualizada, mas surgem num determinado contexto e fornecem informações sobre esse mesmo contexto.

Uma vantagem adicional dos documentos é o seu custo, em geral baixo. Seu uso requer apenas investimento de tempo e atenção por parte do pesquisador para selecionar e analisar os mais relevantes.

Outra vantagem dos documentos é que eles são uma fonte não reativa, permitindo a obtenção de dados quando o acesso ao sujeito

46 | Capítulo 3

é impraticável (pela sua morte, por exemplo) ou quando a interação com os sujeitos pode alterar seu comportamento ou seus pontos de vista.

Finalmente, como uma técnica exploratória, a análise documental indica problemas que devem ser mais bem explorados através de outros métodos. Além disso ela pode complementar as informações obtidas por outras técnicas de coleta.

Guba e Lincoln (1981) resumem as vantagens do uso de documentos dizendo que uma fonte tão repleta de informações sobre a natureza do contexto nunca deve ser ignorada, quaisquer que sejam os outros métodos de investigação escolhidos.

Há pelo menos três situações básicas em que é apropriado o uso da análise documental, segundo Holsti (1969):

1. Quando o acesso aos dados é problemático, seja porque o pesquisador tem limitações de tempo ou de deslocamento, seja porque o sujeito da investigação não está mais vivo, seja porque é conveniente utilizar uma técnica não obstrusiva, isto é, que não cause alterações no ambiente ou nos sujeitos estudados.

2. Quando se pretende ratificar e validar informações obtidas por outras técnicas de coleta, como, por exemplo, a entrevista, o questionário ou a observação. Segundo Holsti (1969), "quando duas ou mais abordagens do mesmo problema produzem resultados similares, nossa confiança em que os resultados reflitam mais o fenômeno em que estamos interessados do que os métodos que usamos aumenta" (p. 17).

3. Quando o interesse do pesquisador é estudar o problema a partir da própria expressão dos indivíduos, ou seja, quando a linguagem dos sujeitos é crucial para a investigação. Nesta situação incluem-se todas as formas de produção do sujeito em forma escrita, como redações, dissertações, testes projetivos, diários pessoais, cartas etc.

As críticas mais frequentemente feitas ao uso de documentos são também resumidas por Guba e Lincoln (1981). A primeira delas é que os documentos são amostras não representativas dos fenômenos estudados. Isso é particularmente verdadeiro quando se pretende, por exemplo, estudar o que ocorre no dia a dia das escolas. Em geral as es-

Métodos de coleta de dados | **47**

colas não mantêm registro das suas atividades, das experiências feitas e dos resultados obtidos. Quando existe algum material escrito, ele é esparso e consequentemente pouco representativo do que se passa no seu cotidiano. É evidente que esse fato também é um dado do contexto escolar e deve ser levado em conta quando se procura estudá-lo.

Outra crítica ao uso de documentos é sua falta de objetividade e sua validade questionável. Essas objeções são geralmente levantadas por todos aqueles que defendem uma perspectiva "objetivista" e que não admitem a influência da subjetividade no conhecimento científico. Quanto ao problema da validade, ele não se restringe apenas aos documentos, mas aos dados qualitativos em geral, e será um ponto especificamente tratado no próximo capítulo deste livro.

Finalmente, a utilização de documentos é também criticada por representar escolhas arbitrárias, por parte de seus autores, de aspectos a serem enfatizados e temáticas a serem focalizadas. Esse ponto, porém, pode ser contestado lembrando-se do próprio propósito da análise documental de fazer inferência sobre os valores, os sentimentos, as intenções e a ideologia das fontes ou dos autores dos documentos. Essas escolhas arbitrárias dos autores devem ser consideradas, pois, como um dado a mais na análise.

A próxima questão se refere ao modo de utilizar a análise documental, isto é, aos procedimentos metodológicos a serem seguidos na análise de documentos.

A primeira decisão nesse processo é a caracterização do tipo de documento que será usado ou selecionado. Será do tipo oficial (por exemplo, um decreto, um parecer), do tipo técnico (como um relatório, um planejamento, um livro-texto) ou do tipo pessoal (uma carta, um diário, uma autobiografia)? Envolverá informações de arquivos oficiais ou arquivos escolares? Ou ambos? Será um material instrucional (filme, livro, roteiro de programa) ou um trabalho escolar (caderno, prova, redação)? Incluirá um único tipo desses materiais ou uma combinação deles?

A escolha dos documentos não é aleatória. Há geralmente alguns propósitos, ideias ou hipóteses guiando a sua seleção. Por exemplo, para uma análise do processo de avaliação nas escolas o exame das

48 | Capítulo 3

provas pode ser muito útil. Já para o estudo da interação grupal dos alunos a análise das provas pode não ser necessária.

Selecionados os documentos, o pesquisador procederá à análise propriamente dita dos dados. Para isso ele recorre geralmente à metodologia de análise de conteúdo, que é definida por Krippendorff (1980) como "uma técnica de pesquisa para fazer inferências válidas e replicáveis dos dados para o seu contexto" (p. 21). Explicitando melhor sua definição o autor afirma que a análise de conteúdo[3] pode caracterizar-se como um método de investigação do conteúdo simbólico das mensagens. Essas mensagens, diz ele, podem ser abordadas de diferentes formas e sob inúmeros ângulos. Pode, por exemplo, haver variações na unidade de análise, que pode ser a palavra, a sentença, o parágrafo ou o texto como um todo. Pode também haver variações na forma de tratar essas unidades. Alguns podem preferir a contagem de palavras ou expressões, outros podem fazer análise da estrutura lógica de expressões e elocuções e outros, ainda, podem fazer análises temáticas. O enfoque da interpretação também pode variar. Alguns poderão trabalhar os aspectos políticos da comunicação, outros os aspectos psicológicos, outros, ainda, os literários, os filosóficos, os éticos e assim por diante.

Outro ponto discutido por Krippendorff diz respeito à necessidade de consenso sobre o conteúdo do material analisado. A concordância só ocorre para os aspectos mais óbvios da comunicação ou quando há pontos de vista cultural e sociopolíticos similares entre os pesquisadores-analistas, diz ele. Ora, a diversidade de pontos de vista e de enfoques parece contribuir mais para aumentar o conhecimento sobre algo do que para limitá-lo. A exigência de consenso parece, pois, muito mais uma exigência do formalismo analítico característico dos esquemas clássicos de pesquisa do que uma necessidade do ato de conhecer. Daí sua inadequação nas abordagens qualitativas de pesquisa que visam sobretudo à compreensão.

Krippendorff enfatiza ainda que as mensagens transmitem experiência vicária, o que leva o receptor a fazer inferência dos dados para

---

[3] Para um estudo mais aprofundado do tema, consultar a bibliografia anexa a este capítulo.

o seu contexto. Isso significa que no processo de decodificação das mensagens o receptor utiliza não só o conhecimento formal, lógico, mas também um conhecimento experiencial onde estão envolvidas sensações, percepções, impressões e intuições. O reconhecimento desse caráter subjetivo da análise é fundamental para que possam ser tomadas medidas específicas e utilizados procedimentos adequados ao seu controle.

Tomando a definição proposta por Krippendorff com as devidas ponderações por ele feitas, o processo de análise de conteúdo tem início com a decisão sobre a unidade de análise. Holsti (1969) apresenta dois tipos de unidade: unidade de registro e unidade de contexto. No primeiro caso, diz ele, o pesquisador pode selecionar segmentos específicos do conteúdo para fazer a análise, determinando, por exemplo, a frequência com que aparece no texto uma palavra, um tópico, um tema, uma expressão, uma personagem ou determinado item. Outras vezes pode ser mais importante explorar o contexto em que determinada unidade ocorre, e não apenas a sua frequência. Mais uma vez o método de codificação escolhido vai depender da natureza do problema, do arcabouço teórico e das questões específicas da pesquisa. O que precisa ser considerado é que o tipo de unidade selecionada pode afetar os resultados finais do estudo. Se as unidades menores, como palavras e expressões, podem aumentar a confiabilidade da análise, elas podem, por outro lado, comprometer a relevância das interpretações. É possível também que a fixação em unidades não seja desejável em certos tipos de estudo.

Segundo Patton (1980), a análise de dados qualitativos é um processo criativo que exige grande rigor intelectual e muita dedicação. Não existe uma forma melhor ou mais correta. O que se exige é sistematização e coerência do esquema escolhido com o que pretende o estudo.

Decidido o tipo de codificação, o próximo passo da análise é a forma de registro. Aqui também pode haver muitas variações. Alguns preferirão ir fazendo anotações à margem do próprio material analisado, outros utilizarão esquemas, diagramas e outras formas de síntese da comunicação. Essas anotações, como um primeiro momento de

50 | Capítulo 3

classificação dos dados, podem incluir o tipo de fonte de informação, os tópicos ou temas tratados, o momento e o local das ocorrências, a natureza do material coletado etc.

Quando o volume de dados é muito grande, ou quando for adequada a quantificação, talvez seja vantajoso recorrer ao auxílio do computador. A análise por computação requer muito tempo de programação, por isso deve ser reservada para situações em que os dados sejam realmente volumosos ou venham a ser utilizados por diferentes pessoas num longo espaço de tempo.

Depois de organizar os dados, num processo de inúmeras leituras e releituras, o pesquisador pode voltar a examiná-los para tentar detectar temas e temáticas mais frequentes. Esse procedimento, essencialmente indutivo, vai culminar na construção de categorias ou tipologias.

A construção de categorias não é tarefa fácil. Elas brotam, num primeiro momento, do arcabouço teórico em que se apoia a pesquisa. Esse conjunto inicial de categorias, no entanto, vai ser modificado ao longo do estudo, num processo dinâmico de confronto constante entre teoria e empiria, o que origina novas concepções e, consequentemente, novos focos de interesse.

Não existem normas fixas nem procedimentos padronizados para a criação de categorias, mas acredita-se que um quadro teórico consistente pode auxiliar uma seleção inicial mais segura e relevante. Além disso, há algumas sugestões práticas apresentadas por Guba e Lincoln (1981) que podem ajudar a formar categorias a partir dos dados. Em primeiro lugar, dizem eles, faça o exame do material procurando encontrar os aspectos recorrentes. Verifique se certos temas, observações e comentários aparecem e reaparecem em contextos variados, vindos de diferentes fontes e em diferentes situações. Esses aspectos que aparecem com certa regularidade são a base para o primeiro agrupamento da informação em categorias. Os dados que não puderem ser agregados devem ser classificados em um grupo à parte para serem posteriormente examinados. Esses dados não devem ser desprezados, pois nem sempre a importância de um tópico pode ser medida pela frequência com que ocorre. Certas informações e observações, aparentemente

Métodos de coleta de dados | **51**

isoladas e discrepantes, podem vir a se constituir em importantes elementos na elucidação das questões do estudo.

Guba e Lincoln sugerem que se faça em seguida a avaliação do conjunto inicial de categorias. Segundo eles, as categorias devem antes de tudo refletir os propósitos da pesquisa. Os outros critérios são: homogeneidade interna, heterogeneidade externa, inclusividade, coerência e plausibilidade. Com isso eles querem dizer que, se uma categoria abrange um único conceito, todos os itens incluídos nessa categoria devem ser homogêneos, ou seja, devem estar lógica e coerentemente integrados. Além disso, as categorias devem ser mutuamente exclusivas, de modo que as diferenças entre elas fiquem bem claras. É desejável também, de acordo com esses autores, que grande parte dos dados seja incluída em uma ou outra das categorias. E mais: o sistema deve ser passível de reprodução por outro juiz, isto é, deve ser validado por um segundo analista, que, tomando o mesmo material, pode julgar se o sistema de classificação faz sentido em relação aos propósitos do estudo e se esses dados foram adequadamente classificados nas diferentes categorias. Finalmente, o melhor teste sobre a propriedade de um sistema de categorias é sua credibilidade junto aos informantes. Submetido à apreciação destes últimos, o esquema de categorias pode ser aprovado, criticado e, se necessário, reformulado.

Depois da obtenção de um conjunto inicial de categorias, através de um processo que Guba e Lincoln chamam de convergente, a próxima etapa envolve um enriquecimento do sistema mediante um processo divergente, incluindo as seguintes estratégias: aprofundamento, ligação e ampliação. Baseado naquilo que já obteve, o pesquisador volta a examinar o material no intuito de aumentar o seu conhecimento, descobrir novos ângulos e aprofundar a sua visão. Pode, ainda. explorar as ligações entre os vários itens, tentando estabelecer relações e associações e passando então a combiná-los, separá-los ou reorganizá-los. Finalmente, o pesquisador procura ampliar o campo de informação identificando os elementos emergentes que precisam ser mais aprofundados.

A última etapa consiste em um novo julgamento das categorias quanto à sua abrangência e delimitação. Guba (1978) sugere que,

52 | Capítulo 3

quando não há mais documentos para analisar, quando a exploração de novas fontes leva à redundância de informação ou a um acréscimo muito pequeno, em vista do esforço despendido, e quando há um sentido de integração na informação já obtida, é um bom sinal para concluir o estudo.

Essas sugestões não são de forma alguma definitivas. Como diz Patton (1980), "esse esforço de detectar padrões, temas e categorias é um processo criativo que requer julgamentos cuidadosos sobre o que é realmente relevante e significativo nos dados. Como as pessoas que analisam dados qualitativos não têm testes estatísticos para dizer-lhes se uma observação é ou não significativa, elas devem basear-se na sua própria inteligência, experiência e julgamento" (p. 313).

Referências bibliográficas

BOGDAN, R.; BIKLEN, S.K. *Qualitative research for education*. Boston: Allyn and Bacon, Inc. 1982.

CAULLEY, D.N. *Document analysis in program evaluation* (Nº 60 na série Paper and Report Series of the Research on Evaluation Program). Portland, Or.: Northwest Regional Educational Laboratory, 1981.

DENZIN, N. *The research act*. New York: McGraw Hill, 1978.

GUBA, E. Toward a methodology of naturalistic inquiry in educational evaluation. *Monograph Series* nº 8. Los Angeles, Center for the Study of Evaluation, 1978.

GUBA, E.G.; LINCOLN, Y.S. *Effective evaluation*. San Francisco, Ca.: Jossey-Bass, 1981.

HOLSTI, O.R. *Content analysis for the social sciences and humanities*. Reading, Mass.: Addison-Wesley, 1969.

JUNKER, B.H. *A importância do trabalho de campo*. Rio de Janeiro: Lidador, 1971.

KRIPPENDORFF, K. *Content analysis*. Beverly Hills, Ca.: SAGE, 1980.

PATTON, M.Q. *Qualitative evaluation*. Beverly Hills, Ca.: SAGE, 1980.

PHILLIPS, B.S. *Pesquisa social*. Rio de Janeiro: Agir, 1974.

REINHARZ, S. *On becoming a social scientist*: from survey and participant observation to experimental analysis. San Francisco: Jossey-Bass, 1979.

ROSS, D.D.; KYLE, D.W. *Qualitative inquiry*: a review and analysis. Trabalho apresentado no Encontro Anual da AERA. New York: março de 1982.

THIOLLENT, M. *Crítica metodológica, investigação social e enquete operária*. São Paulo: Polis, 1980.

 CAPÍTULO 4

A análise de dados e algumas questões relacionadas à objetividade e à validade nas abordagens qualitativas

Analisar os dados qualitativos significa "trabalhar" todo o material obtido durante a pesquisa, ou seja, os relatos de observação, as transcrições de entrevista, as análises de documentos e as demais informações disponíveis. A tarefa de análise implica, num primeiro momento, a organização de todo o material, dividindo-o em partes, relacionando essas partes e procurando identificar nele tendências e padrões relevantes. Num segundo momento essas tendências e padrões são reavaliados, buscando-se relações e inferências num nível de abstração mais elevado.

A análise está presente em vários estágios da investigação, tornando-se mais sistemática e mais formal após o encerramento da coleta de dados. Desde o início do estudo, no entanto, nós fazemos uso de procedimentos analíticos quando procuramos verificar a pertinência das questões selecionadas frente às características específicas da situação estudada. Tomamos então várias decisões sobre áreas que necessitam de maior exploração, aspectos que devem ser enfatizados, outros que podem ser eliminados e novas direções a serem tomadas. Essas escolhas são feitas a partir de um confronto entre os princípios teóricos do estudo e o que vai sendo "aprendido" durante a pesquisa, num movimento constante que perdura até a fase final do relatório.

É possível que o pesquisador mais experiente e mais preparado teoricamente consiga realizar a maior parte da análise ainda durante o período de coleta, mas os menos experientes podem chegar ao final do estudo com grande parte dessa tarefa ainda a ser feita.

Bogdan e Biklen (1982) recomendam que o pesquisador iniciante lance mão de uma série de estratégias, para não correr o risco de terminar a coleta com um amontoado de informações difusas e irrelevantes.

Entre os procedimentos sugeridos por esses autores destacam-se: 1. a delimitação progressiva do foco do estudo; 2. a formulação de questões analíticas; 3. o aprofundamento da revisão de literatura; 4. a testagem de ideias junto aos sujeitos; e 5. o uso extensivo de comentários, observações e especulações ao longo da coleta.

1. Delimitação progressiva do foco de estudo

Na maior parte dos estudos qualitativos, o processo de coleta se assemelha a um funil. A fase inicial é mais aberta, para que o pesquisador possa adquirir uma visão bem ampla da situação, dos sujeitos, do contexto e das principais questões do estudo. Na fase imediatamente subsequente, no entanto, passa a haver um esforço de "focalização progressiva" (Stake, 1981) do estudo, isto é, uma tentativa de delimitação da problemática focalizada, tornando a coleta de dados mais concentrada e mais produtiva. Para que isso ocorra, o pesquisador precisa desenvolver uma certa disciplina pessoal, pois a tendência nesse tipo de pesquisa é achar que tudo é importante. A decisão sobre quais devam ser os focos específicos de investigação não é fácil. Ela se faz sobretudo através de um confronto entre o que pretende a pesquisa e as características particulares da situação estudada. O importante é que essa decisão não seja deixada para o final do estudo, quando já não haverá condições de conseguir as informações mais pertinentes aos temas selecionados.

Kramer e André (1984), por exemplo, começaram a pesquisa com um interesse geral no tema da alfabetização, mas foram progressivamente definindo como um dos focos específicos da pesquisa a inter-relação conteúdo-disciplina-afetividade-aprendizagem nas práticas de sala de aula. Isso favoreceu uma coleta mais orientada e uma análise mais definida.

2. Formulação de questões analíticas

É conveniente que no processo de delimitação progressiva do foco principal da investigação sejam também formuladas algumas questões ou proposições específicas, em torno das quais a atividade de coleta possa ser sistematizada. Além de favorecer a análise, essas questões possibilitam a articulação entre os pressupostos teóricos do estudo e os dados da realidade.

Por exemplo, uma vez definido que um dos focos da pesquisa seria a inter-relação conteúdo-disciplina-afetividade-aprendizagem, Kramer e André (1984) formularam, entre outras, as seguintes questões: A que objetivos serve a disciplina de sala de aula? Como se relacionam as medidas disciplinares da professora com as suas manifestações afetivas? Qual o seu efeito na aprendizagem das crianças?

3. Aprofundamento da revisão de literatura

Embora nem todos os autores concordem que seja necessário um estudo aprofundado da literatura antes da fase final de coleta (Glaser e Strauss, 1980), a volta à literatura pertinente durante a coleta pode ajudar muito a análise. Algumas perguntas podem, por exemplo, ser levantadas, como: Quais os principais questionamentos apontados pela literatura sobre os temas selecionados? Quais os pontos comuns e os pontos divergentes entre o que aparece nesse e em outros estudos similares? O que tem sido negligenciado pela literatura sobre esse assunto?

Relacionar as descobertas feitas durante o estudo com o que já existe na literatura é fundamental para que se possam tomar decisões mais seguras sobre as direções em que vale a pena concentrar o esforço e as atenções.

56 | Capítulo 4

4. Testagem de ideias junto aos sujeitos

Muitas vezes pode ser aconselhável tomar alguns sujeitos da pesquisa como informantes, no sentido de testar junto a eles certas percepções ou certas conjeturas do pesquisador.

É preciso levar em conta que esses informantes podem, em determinadas ocasiões, tentar defender seus próprios interesses, o que não ajuda muito a análise a avançar. Entretanto, não se deve desprezar sua potencial contribuição para esclarecer pontos obscuros da análise. A questão é saber escolher os informantes certos nas horas certas.

5. Uso extensivo de comentários, observações e especulações ao longo da coleta

Conforme o estudo vai-se desenvolvendo, podem surgir muitas ideias e sugestões sobre formas de analisar o que vai sendo captado. É importante, por isso, que o pesquisador não se limite apenas a fazer descrições detalhadas daquilo que observa, mas procure registrar também as suas observações, sentimentos e especulações ao longo de todo o processo de coleta.

As possíveis explicações para determinado incidente ou as associações mentais feitas entre diferentes acontecimentos devem ser imediatamente registradas pelo pesquisador. É importante que ele reveja frequentemente as suas anotações e escreva todos os comentários que lhe ocorram nesse momento: tópicos ou temas recorrentes, personagens e acontecimentos intrigantes, esclarecimentos sobre aspectos anteriormente obscuros, dúvidas, soluções e explicações. É imprescindível que tudo isso seja registrado, para que não se perca até a fase final da análise. Tais observações e comentários pessoais podem oferecer elementos substanciais à elucidação das principais questões investigadas.

4.1 A análise após a coleta de dados

A fase mais formal de análise tem lugar quando a coleta de dados está praticamente encerrada. Nesse momento o pesquisador já deve ter uma ideia mais ou menos clara das possíveis direções teóricas do estudo e parte então para "trabalhar" o material acumulado, buscando destacar os principais achados da pesquisa.

A análise de dados e algumas questões relacionadas | 57

O primeiro passo nessa análise é a construção de um conjunto de categorias descritivas. O referencial teórico do estudo fornece geralmente a base inicial de conceitos a partir dos quais é feita a primeira classificação dos dados. Em alguns casos, pode ser que essas categorias iniciais sejam suficientes, pois sua amplitude e flexibilidade permitem abranger a maior parte dos dados. Em outros casos, as características específicas da situação podem exigir a criação de novas categorias conceituais.

Para formular essas categorias iniciais, é preciso ler e reler o material até chegar a uma espécie de "impregnação" do seu conteúdo (Michelat, 1980). Essas leituras sucessivas devem possibilitar a divisão do material em seus elementos componentes, sem contudo perder de vista a relação desses elementos com todos os outros componentes. Outro ponto importante nesta etapa é a consideração tanto do conteúdo manifesto quanto do conteúdo latente do material. É preciso que a análise não se restrinja ao que está explícito no material, mas procure ir mais a fundo, desvelando mensagens implícitas, dimensões contraditórias e temas sistematicamente "silenciados".

É possível que, ao fazer essas leituras sucessivas, o pesquisador utilize alguma forma de codificação, isto é, uma classificação dos dados de acordo com as categorias teóricas iniciais ou segundo conceitos emergentes. Nessa tarefa ele pode usar números, letras ou outras formas de anotações que permitam reunir, numa outra etapa, componentes similares. Por exemplo: se, numa determinada pesquisa, um dos conceitos focalizados for a disciplina escolar, o pesquisador pode tentar identificar, nos relatos de entrevista com os professores e com o pessoal técnico e nos relatórios de observação, quais os momentos em que aparece o tema, marcando esses trechos (com a letra D, por exemplo). Em seguida ele pode reunir todo o material relativo à problemática da disciplina juntando todos os trechos com código semelhante.

A forma de codificação pode variar muito. Alguns preferem fazer anotações à margem dos relatos, identificando cada categoria com um código e registrando numa folha à parte a categoria e as páginas onde podem ser localizadas. Outros preferem xerocopiar as anotações, recortando e reunindo as partes referentes aos mesmos conceitos. Ou-

58 | Capítulo 4

tros ainda utilizam fichários, onde vão separando, ao longo da coleta, todo o material relativo a um mesmo tema ou conceito.

Esse trabalho deverá resultar num conjunto inicial de categorias que provavelmente serão reexaminadas e modificadas num momento subsequente. É quando, por exemplo, categorias relacionadas são combinadas para formar conceitos mais abrangentes ou ideias muito amplas são subdivididas em componentes menores para facilitar a composição e apresentação dos dados.

4.1.1 Da análise para a teorização

A classificação e organização dos dados prepara uma fase mais complexa da análise, que ocorre à medida que o pesquisador vai reportar os seus achados. Para apresentar os dados de forma clara e coerente, ele provavelmente terá que rever as suas ideias iniciais, repensá-las, reavaliá-las, e novas ideias podem então surgir nesse processo.

A categorização, por si mesma, não esgota a análise. É preciso que o pesquisador vá além, ultrapasse a mera descrição, buscando realmente acrescentar algo à discussão já existente sobre o assunto focalizado. Para isso ele terá que fazer um esforço de abstração, ultrapassando os dados, tentando estabelecer conexões e relações que possibilitem a proposição de novas explicações e interpretações. É preciso dar o "salto", como se diz vulgarmente, acrescentar algo ao já conhecido. Esse acréscimo pode significar desde um conjunto de proposições bem concatenadas e relacionadas que configuram uma nova perspectiva teórica até o simples levantamento de novas questões e questionamentos que precisarão ser mais sistematicamente explorados em estudos futuros.

4.1.2 Problemas éticos, metodológicos e políticos
no uso das abordagens qualitativas

O uso das abordagens qualitativas na pesquisa suscita primeiramente uma série de questões éticas decorrentes da interação do pesquisador com os sujeitos pesquisados. No caso da observação, esse problema pode se tornar realmente grave se o observador decidir não revelar a sua identidade de pesquisador ao grupo pesquisado, "fingindo" ser um membro do grupo ou fazendo as observações através de uma "parede espelhada". O método de observação, em ambos os casos, é considerado antiético porque invade a privacidade dos sujeitos sem lhes pedir permissão. Autores como Denzin (1970) procuram argumentar que essa tática não deve ser automaticamente rejeitada, pois pode ser útil para avançar o conhecimento científico em certas áreas em que outros métodos de coleta são inviáveis.

O que tem sido proposto para contornar esse problema é o pedido de consentimento aos informantes para a realização da pesquisa. Nos Estados Unidos, todos os projetos que têm financiamento do governo exigem um consentimento, por escrito, dos sujeitos do estudo. Isso, contudo, não resolve totalmente o dilema ético, devido principalmente à frequente diferença de *status* entre o pesquisador e o sujeito, o que pode levar a um consentimento por intimidação ou por constrangimento.

A questão mais séria, aqui, é a da manipulação dos sujeitos que podem vir a saber que estão sendo usados sem autorização, vindo a desenvolver uma atitude de resistência a qualquer tipo de pesquisa. Como, então, poderemos obter dados objetivos? Esta questão da manipulação, portanto, é relevante não apenas por causa de suas implicações éticas mas também pela possibilidade de seu efeito na objetividade das informações e, consequentemente, na validade dos estudos.

Outro problema ético é o que se relaciona com a garantia de sigilo das informações. Para conseguir certo tipo de dado, o pesquisador muitas vezes tem que assegurar aos sujeitos o anonimato. Se essa promessa é feita, ela obviamente tem que ser cumprida. Na situação de entrevista, essa questão se torna particularmente relevante, pois a garantia do anonimato pode favorecer uma relação mais descontraída, mais espontânea, e consequentemente a revelação de dados que poderão comprometer o entrevistado se sua identidade não for protegida.

Uma medida geralmente tomada para manter o anonimato dos respondentes é o uso de nomes fictícios no relato, além, evidentemente, do cuidado para não revelar informações que possam identificá-los.

60 | Capítulo 4

Se, por qualquer motivo, o sigilo não puder ser mantido, é eticamente desejável que ele não seja garantido.

Outra consequência da relação estreita e intensa que geralmente se estabelece entre o pesquisador e os sujeitos é o controle destes últimos sobre as informações que serão ou não tornadas públicas. No processo de negociação inicial do estudo, pode ficar determinado que os sujeitos terão direito de veto no momento do relatório. Isso pode resultar na omissão de dados importantes do relatório, se o encaminhamento junto aos informantes não for adequado. Em caso de dúvida sobre um controle excessivo da informação, é preferível que não seja garantido esse controle, sob pena de se revelar um quadro muito mutilado da situação estudada.

Além das questões de natureza ética, há várias outras mais relacionadas ao pesquisador como principal instrumento da pesquisa e aos procedimentos metodológicos por ele utilizados durante o estudo.

A questão mais geral e mais frequentemente levantada em relação às abordagens qualitativas é a da subjetividade do pesquisador. Os partidários de uma postura mais tradicional em relação ao conhecimento científico defendem o ponto de vista de que os julgamentos de valor do pesquisador não devem afetar nem a coleta nem a análise de dados. Num outro extremo estão aqueles que afirmam ser impossível a objetividade. Uma postura mais equilibrada parece ser a daqueles que, reconhecendo a impossibilidade de separar os valores pessoais do processo de pesquisa, sugerem alguns cuidados especiais no sentido de controlar o efeito da subjetividade. Uma das formas de controle é a revelação, pelo pesquisador, de seus preconceitos, valores, pressupostos, de modo que as pessoas possam julgar o seu peso relativo no desenvolvimento do estudo. Na medida do possível, o pesquisador deve também revelar ao leitor em que medida ele foi afetado pelo estudo, explicitando as mudanças porventura havidas nos seus pressupostos, valores e julgamentos. É importante que ele deixe claro os critérios utilizados para selecionar certo tipo de dados, e não outros, para observar certas situações, e não outras, e para entrevistar certas pessoas, e não outras.

Os cuidados com a objetividade são importantes porque eles afetam diretamente a validade do estudo. Relacionados a este problema

A análise de dados e algumas questões relacionadas | 61

surge uma série de questões práticas como o tempo de permanência em campo, a frequência e a duração das observações e a confiabilidade dos dados.

É evidente que um longo período de permanência em campo, como em geral ocorre nos estudos antropológicos e sociológicos, que se estendem por anos a fio, aumenta a possibilidade de inferências, interpretações e conclusões acuradas, pois há tempo para corrigir falsas interpretações, rever o rumo das inferências e reorientar os focos de atenção. A regra geral de bom senso parece ser esta: quanto maior o período de estada no campo, maior a probabilidade de resultados acurados, o que consubstanciará a validade das informações.

Quando o período de observação precisa ser abreviado, geralmente por questões de natureza prática, Walker (1980) sugere algumas medidas para que a validade do estudo não fique demasiadamente comprometida. Uma das sugestões é que haja uma intensa comunicação entre o pesquisador e as pessoas ou grupos estudados e que sejam revelados, no relatório do estudo, os diferentes pontos de vista dos diferentes grupos sobre o fenômeno estudado. Outra medida é a explicitação dos métodos e procedimentos utilizados pelo pesquisador, de modo que fique claro "como" foram obtidas as informações. Outra sugestão é revelar as apreciações dos informantes sobre a acuidade e a relevância das informações selecionadas pelo pesquisador.

Outra questão prática relacionada à validade dos dados é a que se refere à frequência, duração e periodicidade das observações. Se o estudo pretende retratar o fenômeno de forma completa, é preciso que os dados sejam coletados numa variedade de situações, em momentos variados e com fontes variadas de informação. O pesquisador pode recorrer, para isso, às estratégias propostas por Denzin (1970), que consistem na "triangulação", ou seja, checagem de um dado obtido através de diferentes informantes, em situações variadas e em momentos diferentes. Esse processo poderia ser fortalecido com o emprego de diferentes métodos de coleta e diferentes observadores, que se centrariam nos mesmos aspectos para confirmação ou não confirmação sistemática. Podem ainda ser usados outros recursos, como o envolvimento de grupos de pesquisadores nas várias etapas da pesquisa,

62 | Capítulo 4

o estabelecimento progressivo dos focos de interesse etc. A questão básica sobre esse ponto é que não existem critérios absolutos, neutros e não arbitrários para determinar o que é válido e o que não o é. O máximo que se pode exigir, tendo em vista os próprios pressupostos da pesquisa qualitativa, é que haja um certo consenso, num determinado momento, sobre a veracidade daquilo que foi apreendido e relatado (Smith, 1984).

Esse aspecto nos reporta ao problema da fidedignidade, que nesse tipo de investigação assume um caráter totalmente diferente daquele dos estudos tradicionais. O que se espera não é que observadores totalmente isentos cheguem às mesmas representações dos mesmos eventos, mas sim que haja alguma concordância, pelo menos temporária, de que essa forma de representação da realidade é aceitável, embora possam existir outras igualmente aceitáveis. O importante é manter uma atitude flexível e aberta, admitindo que outras interpretações podem ser sugeridas, discutidas e igualmente aceitas.

Referências bibliográficas

BOGDAN, R.; BIKLEN, S.K. *Qualitative research for education.* Boston: Allyn and Bacon, 1982.

DENZIN, N. *The research act.* New York: McGraw Hill, 1978.

GLASER, B.G.; STRAUSS, A.L. *The discovery of grounded theory; strategies for qualitative research.* Chicago: Aldine, 1967.

KRAMER, S.; ANDRÉ, M.E.D.A. Alfabetização: um estudo sobre professores das camadas populares. *Revista Brasileira de Estudos Pedagógicos,* 151, 1984.

MICHELAT, G. Sobre a utilização da entrevista não diretiva em Sociologia. In: THIOLLENT, M. *Crítica metodológica, investigação social e enquete operária.* São Paulo: Polis, 1980.

SMITH, J. K. The problem of criteria for judging interpretative inquiry. *Educational Evaluation and Policy Analysis,* 6 (4), 1984.

STAKE, R.E. *Progressive focusing.* Trabalho apresentado no Encontro Anual da AE- RA. Los Angeles, 1981.

WALKER, R. The conduct of educational case study: ethics, theory and procedures. In: DOCKRELL, W. B.; HAMILTON, D. (org.). *Rethinking educational research.* London: Hodder and Stoughton, 1980.

Lições de duas experiências

Neste capítulo vamos procurar registrar as lições aprendidas com a realização de dois estudos que representam o tipo de pesquisa frequentemente realizado hoje em educação e do qual tratamos neste livro. São duas dissertações de mestrado realizadas no Departamento de Educação da PUC-Rio e orientadas por uma das autoras deste livro. A outra autora também tem grande participação em ambos os estudos, pois, além de membro das bancas de defesa das dissertações, foi bastante consultada pelas mestrandas durante sua elaboração. Assim, tivemos acesso ao desenvolvimento dos estudos, e não apenas ao seu produto, as dissertações, e pudemos, a partir daí, extrair uma série de ensinamentos úteis para nós mesmas e para os que se iniciam nesse tipo de pesquisa.

O primeiro estudo tem como foco principal o problema da alfabetização.[1] Sua autora, Tânia, estava há muito tempo preocupada com o baixo índice de sucesso das nossas escolas públicas na importante função de alfabetizar. Ela já conhecia bem as características do problema, pois já tinha trabalhado por um longo período como professora e também como orientadora pedagógica em escolas de 1º grau. Foi

---

[1] Tânia de Martino Salim. *Alfabetização*: Ponto de Partida ou Ponto Final? Dissertação de Mestrado, Departamento de Educação, PUC-Rio, 1984.

64 | Capítulo 5

justamente a sua experiência no assunto que a levou a propô-lo como tema para sua dissertação. Só que então, no momento em que cursava o seu mestrado, ela gostaria de dedicar seu esforço investigador à busca de conhecimentos que pudessem ajudar a encontrar soluções para esse grave problema.

Ela sentia desde o início, e o declarou logo à orientadora, que não gostaria de fazer mais um estudo do tipo levantamento, para corroborar ainda mais as estatísticas já bem estabelecidas a respeito do assunto. Ela gostaria de realizar uma pesquisa que penetrasse mais no desenrolar do trabalho da professora com a sua classe, para tentar detectar o que exatamente estava acontecendo, como acontecia e também o que pensavam as professoras, as diretoras, os alunos e seus pais sobre o problema. Enfim, queria saber como a instituição escolar se colocava no desafio da alfabetização, se é que se colocava.

Logo no primeiro contato com a orientadora, esta lhe sugeriu o estudo de caso como o tipo de estudo mais indicado aos seus objetivos. Tânia, que já tinha ouvido falar nesse tipo de estudo, imediatamente percebeu que ele apresentava características que respondiam à sua expectativa e resolveu adotá-lo.

Seguiram-se dois anos trabalhosos antes que Tânia chegasse ao relato do seu caso, com a defesa de sua dissertação em maio de 1984. Vale a pena rever os principais problemas que ela enfrentou nessa caminhada e as soluções que encontrou para superá-los.

De início, o próprio problema da falta de bibliografia em português. Mesmo em inglês, língua que apresenta maior número de publicações sobre estudos de caso, ainda não se dispunha de obras de caráter introdutório que pudessem orientar seguramente o principiante. A própria metodologia do estudo de caso se encontrava ainda em fase de elaboração, sendo natural, portanto, a falta de livros do gênero manual, bastante fáceis de encontrar em outros tipos de pesquisa. Tânia enfrentou como pôde a exiguidade de apoio bibliográfico, procurando ler o que havia disponível em inglês, inclusive alguns relatos de casos, ainda que extraídos da realidade americana. Como alguns dos autores desses relatos, ela possui a habilidade de escrever de forma clara, pre-

Lições de duas experiências | 65

cisa e ao mesmo tempo atraente, quase poética. Para fazer esse tipo de relato, essas qualidades da escrita são imprescindíveis; do contrário, a narração fica pesada e fastidiosa, não prendendo o leitor até o fim. É preciso saber contar o caso...

Outra característica básica do estudo de caso, assim como de toda pesquisa de natureza qualitativa, é o desdobramento do papel do pesquisador, que age também como o principal instrumento de coleta de dados. É ele quem deve captar diretamente as informações importantes, à medida que elas vão surgindo. Por isso é fundamental, para esse tipo de estudo, que o pesquisador domine suficientemente o assunto focalizado, para que possa ao longo dos trabalhos garantir a avaliação e seleção correta dos pontos a serem registrados. Ele funciona como verdadeiro filtro das constatações que comporão a massa de dados. O que ele não puder perceber, ou não considerar importante, estará automaticamente eliminado do estudo. Eis porque é tão importante a qualificação do pesquisador sobre o assunto em questão. No caso de Tânia, não havia dúvidas, ela vinha trabalhando há anos com o tema da alfabetização.

O domínio do assunto garante ainda outra importante condição ao pesquisador no estudo de caso: a de que ele conseguirá manter-se ao mesmo tempo totalmente inserido na realidade que está estudando, mas também destacado o suficiente para poder estudá-la. Ele vai assumir a problemática estudada quase como sua, mas sua qualidade de conhecedor, de estudioso do assunto vai-lhe permitir sobrepor-se, ao menos um pouco, ao torvelinho envolvente da realidade em crise, para poder vislumbrar possíveis soluções. Afinal, essa é a razão que a levou ao estudo, isto é, ajudar os que estão envolvidos num problema a encontrar suas mais adequadas soluções.

Ao começar seus estudos Tânia tinha apenas algumas suposições, ainda bastante vagas, baseadas em seu próprio trabalho e estudo sobre o assunto, que apontavam na direção da importância do tempo e da atenção dedicados aos alunos com maiores dificuldades. Essas indagações não poderiam constituir hipóteses àquela altura, mas simples pontos de partida para o estudo, que se desenvolveria livremente e

66 | Capítulo 5

iria, por sua vez, revelar outras suposições. Justamente por não possuir hipóteses claras, por não poder ainda prever o jogo das variáveis é que o estudo de caso pareceu tão adequado às expectativas de Tânia. Ela precisava de uma abordagem de pesquisa que lhe permitisse acompanhar de perto o fluxo de acontecimentos que constituem o processo de alfabetização em nossas escolas públicas. Tinha, é certo, aquelas intuições iniciais que aguçavam seu interesse investigativo. Mas não seriam simples indicadores de qualidades pessoais suas, de seu trabalho individual com alfabetização? Seria preciso conhecer o trabalho de outras professoras, em condições semelhantes, para averiguar o alcance daquelas indagações preliminares.

Para conhecer bem o trabalho continuado de uma professora-alfabetizadora, é indispensável estar perto dela durante um tempo suficientemente longo para perceber o que nele é constante e o que é eventual, o que é prioritário e o que é secundário, com suas nuanças e oscilações. É isso o que pede o estudo de caso, e é isso o que fez Tânia, não apenas com uma, mas com várias professoras, embora todas da mesma escola. Um dos elementos básicos do caso é justamente a oportunidade de oferecer a visão de diferentes pessoas nele envolvidas. Foram assim observados e entrevistados professores, diretores, orientadores, alunos, pais, funcionários. A atuação dessas pessoas foi acompanhada de perto na rotina da sala de aula ou da formação no pátio, assim como na balbúrdia eventual da merenda. Foram testemunhados os encontros regulares do conselho de classe e as reuniões improvisadas para discutir algum problema disciplinar. Fizeram-se muitas entrevistas, tanto formal como informalmente. Nenhuma conversa de corredor ou na sala do café foi desprezada. Tudo contribuiu como material para o caso.

Foi-se juntando uma massa considerável de informações pertinentes. Como não há, neste tipo de estudo, hipóteses que orientem a coleta e a análise de dados, é necessário que o próprio pesquisador estabeleça seus padrões de análise mais adequados. Aos poucos ele vai percebendo a configuração desses padrões, ao redor de certos questionamentos básicos. As suposições iniciais podem ou não ser confirmadas, mas frequentemente são enriquecidas por outras, surgidas no caminho. A

Lições de duas experiências | 67

natureza flexível do estudo de caso favorece exatamente o crescimento do âmbito do estudo para abrigar novas suposições que venham tentar explicar os problemas constatados. E aí, no calor da corrente vital apreendida pelo caso, o pesquisador propõe suas próprias explicações, baseadas em tudo o que sabia antes de começá-lo, mas sobretudo em tudo o que aprendeu ao realizá-lo.

Uma das maiores dificuldades enfrentadas por Tânia foi encontrar uma maneira de conseguir, no relato do caso, um equilíbrio satisfatório entre os dados obtidos pela observação e pelas entrevistas, de um lado, e a fundamentação teórica que embasava o estudo, de outro. Por muito tempo as duas ordens de fatores correram paralelas, sem se integrar harmoniosamente, como o estudo requeria. Foi depois de muita reflexão e a partir de sugestão de uma das autoras (Marli) que Tânia encontrou finalmente a solução para esse problema, fazendo fluir e se interpenetrar as duas correntes, a que trazia o fluxo de dados e a que trazia os fundamentos teóricos.

Ao deixar que lhe fluíssem conjuntamente das mãos as duas correntes, Tânia logrou a integração tão desejada e o caso foi-se compondo. Ao mencionar as mãos do pesquisador queremos exatamente enfatizar a importância do ato de escrever quando se redige o caso. No dizer da própria Tânia durante a defesa da dissertação, e confirmando a afirmação de vários autores, "o caso só passa a existir depois de escrito". É ao escrevê-lo que o pesquisador lhe dá corpo e forma e o vai burilando o melhor que pode.

Antes e durante a redação do caso, o pesquisador é atormentado pela imposição de ter de escolher, dentre o vasto material recolhido, aquilo que vai realmente constituir o caso. Ainda na expressão de Tânia, "foi necessário proceder a uma verdadeira mutilação de várias partes do estudo para selecionar aquelas que ficariam presentes no caso". Essa seleção é inevitavelmente redutora, pois o pesquisador tem que eleger alguns dos aspectos mais representativos da realidade, a seu ver, se quiser chegar a um termo. Do contrário ficará infinitamente relatando seu caso...

Outro problema sentido e vencido por Tânia ao redigir o seu caso foi o da separação clara entre as evidências recolhidas sobre cada aspec-

68 | Capítulo 5

to ou cada problema e as interpretações elaboradas por ela a respeito. enquanto pesquisadora e interessada no assunto estudado. Uma das virtudes mais interessantes do estudo de caso é justamente permitir, pela forma como é relatado, que cada leitor acompanhe as inferências feitas pelo pesquisador a partir das evidências apresentadas e também propor suas próprias interpretações, a partir das mesmas evidências. Para que isso seja possível é necessário que o redator tenha o maior cuidado em separar claramente o que são as evidências, a respeito de quê, e quais as conclusões delas extraídas. Tânia foi bastante feliz ao resolver esse desafio, o que nem sempre ocorre nos estudos do gênero publicados entre nós.

Outro aspecto específico do estudo de Tânia merece ser comentado. Ele se liga ao fato de ela continuar a trabalhar na escola estudada como responsável pela biblioteca, ao mesmo tempo que desenvolvia o estudo. Essa dupla pertinência a preocupou muito durante um bom tempo. Sobretudo porque lhe parecia já conhecer tudo o que se passava na escola, não absorvendo tudo o que poderia através das observações e entrevistas. Aos poucos foi se dando conta de que não era bem assim que as coisas se passavam. Embora partisse de um conhecimento tácito, como ocorre em qualquer estudo de caso, o que na situação talvez fosse mais avantajado, havia muita coisa nova a ser aprendida com seu estudo, mas foi só quando ela aceitou que estava realmente aprendendo sobre o problema é que o estudo deslanchou. Ela passou então a anotar tudo o que merecia ser anotado e a fazer as suas interpretações e comentários pertinentes, deixando para trás aquela atitude pouco animada, típica de quem acha que já sabe tudo. É interessante notar que ela nunca deixou de assumir, quer durante o estudo, quer no relato escrito, o seu caráter de membro da instituição estudada. Assim, tanto os colegas que participaram do estudo como os seus leitores de agora podem situar perfeitamente a perspectiva de onde ela o focalizou.

A seguir apresentamos alguns extratos do estudo de caso de Tânia, esperando que eles sejam não só suficientes para dar uma ideia de seu conteúdo e de sua forma, como também estimulantes no sentido de se buscar a leitura integral do estudo.

Alguns excertos da introdução justificativa e metodologia:

Objetivo do estudo

O objetivo do estudo foi descrever o que as pessoas dizem e fazem acerca da alfabetização em uma escola estadual de 1º grau, em ambiente urbano, na Baixada Fluminense.

Retratando esta realidade particular e analisando seus processos, interações e organização interna, procurei compreender e interpretar a dinâmica interna observada na prática da alfabetização, dentro de uma perspectiva de totalidade.

Visando a esta perspectiva de totalidade, tentei entendê-la como a não fragmentação, a não decomposição da realidade. Embora em dados momentos esta se particularizasse, tive sempre em mente examiná-la à luz do foco mais amplo em termos da escola como um todo.

Os problemas considerados relevantes foram sendo definidos mais aprimoradamente, passo a passo, após as observações iniciais. Estas incluíram também as impressões da experiência passada, quando o problema aflorou pela primeira vez. Como ponto de partida eu tinha a ideia de que o tempo gasto com o aluno, sobretudo em atendimento individual, era fundamental para a alfabetização.

A preocupação foi sempre deixar falar as palavras e as ações das professoras, que originariam por sua vez os temas e os tópicos do trabalho. Sem dúvida, questões frequentemente debatidas pelos estudiosos do tema do fracasso nos primeiros anos de escolaridade em nosso país.

A partir daí inclinei-me a entrever caminhos e feições a serem assumidos pela prática da alfabetização nesta escola.

(p. 1-2)

Justificativa

Por que escolhi a alfabetização como tema de estudo?

Acima de tudo por todo o peso acarretado pelo fracasso no início da escolarização, prejudicando seriamente e alijando crianças da escola. Pelas significativas proporções atingidas por esse fracasso - obstáculo à educação e à melhoria das condições de vida de milhares de crianças das classes populares.

70 | Capítulo 5

Considero de importância crucial tentar, se não responder, pelo menos clarificar as questões ditadas pela prática de alfabetização nas nossas escolas públicas.

As outras razões foram: as inquietações e os questionamentos sempre presentes em quase vinte anos de prática em escolas públicas de 1º grau, emergentes principalmente da experiência como alfabetizadora no início do magistério, em turma multisseriada de cinquenta alunos em zona rural e praiana e da experiência de oito anos em turmas da 1ª à 4ª série como orientadora educacional e pedagógica.

Foram esses os critérios que nortearam a minha escolha. Impregnados pela intencionalidade e transpirando os juízos de valor inerentes a toda escolha, à educação e à pesquisa.

(p. 8-9)

(...)

Justificativa da metodologia

A escolha do estudo de caso - um método naturalista de pesquisa educacional - esteve vinculada à intenção de contribuir nesta oportunidade, pelo menos em parte, para que as professoras da escola estudada ampliassem sua compreensão da alfabetização. Desvelando aos seus olhos os vários significados das suas experiências pessoais, pretendi possibilitar um redimensionamento da sua prática. O propósito desse estudo seria, então, ajudar aquelas professoras a desmitificar (Stake, 1983, p. 7)[2] certas concepções falsas acerca da aprendizagem da leitura e da escrita pelas crianças das classes populares. Além disso, ajudá-las a confiar mais na sua própria ação, percebida de forma menos ingênua e, a partir daí, tornada menos intuitiva, mais independente, mais consciente, mais crítica.

(p. 12)

(...)

Optei por essa metodologia porque ela possibilita, segundo Stake (1983), um prolongamento das experiências dos professores, permitindo

---

[2] Stake, R.E. Estudos de Caso em Pesquisa e Avaliação Educacional. *Educação e Seleção*, 3: 5-14, 1983.

que eles cheguem a estabelecer os valores para a realidade em que vivem, em função da singularidade daquela experiência particular e dentro daquele contexto específico.

(p. 13)

(...)

Entusiasmava-me, acima de tudo, o estudo em profundidade da escola e suas classes de alfabetização. Interessava-me ter sempre em mente a perspectiva do contexto e, ao mesmo tempo, poder apreender a multiplicidade e a especificidade da escola, porque, como diz Brandão (...1982), ao estudar a questão da evasão e da repetência, é preciso conhecer a forma como a escola trabalha com a clientela predominante em nossas escolas públicas, a que vive a condição de pobreza. E esta possibilidade vislumbrei no método de estudo de caso.

(p. 13)

(...)

Progressivamente, ia ficando bem mais claro para mim que escrever era a atividade principal no estudo. Aquilo que escrevia a partir das observações é que constituiria o conteúdo do relatório final, embora com modificações. E aquilo que escrevia identificava com ideias, concepções, noções anteriores, já existentes em mim. Quer dizer, as impressões que eu registrava eram um amálgama de fatos concretos permeados por ideias que direcionavam o olhar e o ouvir, fazendo até com que outras facetas e aspectos de uma mesma situação ficassem de fora, sem sequer serem percebidos ou sendo percebidos de maneira distorcida. Por tudo isso estava convicta, naquele momento, de que a observação não podia deixar de ser seletiva. Esta certeza deixava-me mais tranquila e dava origem a uma aceitação mais amadurecida e serena deste fato inevitável.

(p. 20-21)

Agora, já entrando no caso:

Deixo o pátio e dirijo-me à sala de aula da professora Elvira. A todo momento a professora tenta controlar alguns alunos. Debruçam-se na janela para olhar as cenas no pátio. Abre-se a porta da sala e entram

72 | Capítulo 5

intempestivamente uns oito alunos. Pegam as pastas provocando uma certa agitação. Dizem afoitamente:

A gente vai embora pra casa. A diretora mandou.

A professora, meio aturdida, parece duvidar se essa ordem é verdadeira. O mesmo acontece com a professora da sala vizinha, entrando em busca de esclarecimentos. Ninguém parece entender coisa alguma. Até ser comprovada a informação dos alunos. Embaixo, continuava o "bafafá". Entre os alunos dispensados por usarem blusa diferente ou sapato de outra cor, observo saírem mais uns quatro que, apesar de vestidos "como mandava o figurino", aproveitam a "onda" para escapulir.

A professora tenta retomar a aula, prosseguindo na correção dos cadernos. Os alunos sentados ao lado da janela levantam-se insistentemente para olhar, com curiosidade, o desenvolvimento dos acontecimentos. Daí a pouco, uma reclamação do Jorge:

Professora, a senhora hoje não tomou a minha leitura!...

A professora, justificando:

Não tomei de ninguém. Hoje vocês perderam muito tempo lá embaixo... Estude essas três lições para amanhã.

Entram mais duas alunas dispensadas da aula. Vêm pegar seu material. Em uma delas faltava na blusa o bolso com escudo.

Fui levada, então, a perguntar-me quem se lembraria do prejuízo causado por aquela e outras interferências semelhantes, em termos de apropriar-se levianamente do precioso tempo de aula das crianças, além de fazê-las sentirem-se constrangidas, predispondo-as talvez contra a escola e o estudo.

(p. 39-40)

(...)

Parece-me que se trata mesmo da má utilização do tempo dos alunos. Como geralmente os mais inquietos e instáveis são os que não se encontram ainda em condições de acompanhar o trabalho que os demais realizam com relativa tranquilidade, eles estariam, a meu ver, necessitando de um outro tipo de atuação por parte das professoras. Um atendimento capaz de reverter realmente em seu benefício, levando-os a um

*progresso palpável. Acho mesmo que, com sua atitude "indisciplinada",
estariam, inconscientemente, a pedir isto. O tempo todo.*

(p. 50)

(...)

*Não é simplesmente porque as crianças faltam que há fracasso. É
porque há fracasso que as crianças deixam de frequentar a escola.*

(p. 54)

(...)

*A posição da professora Mirtes talvez complemente esse ponto de
vista e até o fortaleça indiretamente. Ela atendeu à solicitação da orientadora para acelerar o lançamento de palavras-chave, mas não colheu
os frutos esperados. A partir daí, parece considerar que o sucesso da
alfabetização não decorre da saída proposta. Um tanto perscrutadora
e demonstrando certa aflição, parecendo pensar alto, ao final da aula
extravasa sua dúvida e sua lúcida constatação:*

Fico me perguntando o que pode influir na alfabetização. São
tantos fatores!...

*Daí para criar as suas próprias alternativas de lidar com as dificul-
dades que encontrou na sua turma, naquele momento, seria só um passo.
Pena que não o tivesse dado.*

(p. B 1)

(...)

Os degraus da caminhada

*Desde o início do ano observava que as professoras não estavam
muito familiarizadas com o bloco único e pareciam não se sentir muito à
vontade para adotá-lo.*

*Na semana do "recesso forçado", antes das aulas começarem, a pro-
fessora Mirtes expressou o seu ponto de vista:*

O aluno não ser reprovado é muito ruim, porque sabendo que
vai passar não estuda. Os pais não ligam mesmo. Não querem nem
saber. Bom é quando a escola tem o pré-escolar, porque assim a

criança vai para a primeira série já sabendo tabuada e além disso aprende a ler mais rapidamente.

Mais tarde, a professora Cecília, no segundo conselho de classe, também revelou seu desejo no sentido de que a primeira etapa do bloco único fosse encerrada após um ano de período preparatório, porque as crianças não tinham pré-escolar.

Se, por um lado, nessas opiniões das professoras está implícito o reconhecimento de que a pré-escola traz resultados positivos, por outro lado também parece-me estar contida a crença segundo a qual a pré-escola é a solução para os males da alfabetização.

Quando a professora diz que a criança aprende a ler mais rapidamente porque fez o pré-escolar, é porque acredita na necessidade de uma preparação anterior. Naturalmente, porque acha que a criança é "carente". Consequentemente, passa a olhar, mesmo em nível inconsciente, essa falta de "preparação anterior" como uma defasagem e uma desvantagem determinantes do fracasso das crianças das classes populares no primeiro ano de escola. Ou seja, uma desvantagem tida pelas professoras como sem a menor chance de superação nas atuais condições de funcionamento desta escola e que se torna por isso definitiva aos olhos de quem poderia fazer alguma coisa. É por causa dessa vinculação improdutiva em termos de dependência entre alfabetização e pré-escola ou período preparatório que considero esse tipo de colocação bastante temerário.

(p. 99)

(...)

Por outro lado, eu mesma podia comprovar nas crianças, em diferentes ocasiões, o grande interesse pela leitura individual, a necessidade, beirando a avidez, de alguém que lhes desse atenção.

(p. 114)

(...)

Sempre que me defrontava com essas situações, animava-me a ideia do atendimento direto a grupos menores, individualizados, se necessário. O trabalho diversificado, tal como é concebido, com todos os alunos pre-

sentes, tem-se revelado impraticável por uma série de razões, relativas ao desempenho da professora. Como as professoras parecem rejeitar o trabalho diversificado, principalmente porque não sentem segurança para aplicá-la, acredito que uma maneira de ajudar a superar essa limitação poderia ser a observação da atuação de outras professoras realizando essa técnica. Mas, enquanto isso não se torna viável, cada vez mais estou convencida de que, quando a escola não oferece condições e a professora sente-se despreparada para trabalhar de forma diversificada em classe, cabe adotar logo o recurso de redistribuir as atenções da professora em grupos separados, sendo reforçado o atendimento direto àqueles alunos que apresentassem maior número de dificuldades.

(p. 114-115)

Assim a professora Mirtes descreveu a sua "aula de leitura":

Mais ou menos três vezes por mês, num dia em que a turma não esteja muito agitada, passo um desenho para a turma fazer e enquanto isso tomo a leitura de alguns na mesa. Mas só dá para atender a cinco alunos, mais ou menos, de cada vez. As crianças não gostam muito de leitura no quadro, gostam mais na cartilha. Mas não há tempo para "tomar a lição" de todos, o jeito é ir fazendo aos pouquinhos...

Apesar de reconhecer que o problema desta turma é a leitura, esta não é a atividade privilegiada pela professora Mirtes. Não a utiliza com a mesma frequência com que adota o ditado, por exemplo, conforme observei nos vários contatos com sua turma.

Adotando a leitura individual como uma atividade sistematicamente realizada, a professora Paulina enfatiza a constância com que a usa:

Toda vez que encerro o lançamento de palavra-chave eu emprego a leitura individual. No início, isso era feito de quinze em quinze dias ou de vinte em vinte dias, mas agora, no final, chego até a três vezes por semana. Ultimamente eu tomo a leitura em qualquer outra situação, e não só no lançamento de palavra-chave. Isto eu consigo porque uso o tempo quase todo para leitura e escrita, abordando pouca coisa de estudos sociais e matemática.

76 | Capítulo 5

Na sua aula observo que, após a apresentação da palavra-chave, dos fonemas e das sílabas, e imediatamente em seguida à formação oral e escrita de palavras novas, há sempre o cuidado de levar os alunos a fazerem a leitura no quadro das sílabas e palavras novas. A seguir, dando continuidade ao trabalho com o mesmo fonema, a professora pede a leitura individual das palavras na cartilha para, depois, pedir a leitura coletiva do texto. Os alunos são solicitados para a leitura por grupos, de acordo com a sua disposição nas carteiras. Isso estimula uma certa competição, deixando os alunos mais "ligados" e animadíssimos. A professora o faz intencionalmente, porque percebe uma "resposta" favorável da parte dos alunos. Creio ser possível dizer dessa competição que talvez fosse uma competição sem danos, pois, apesar de possuir os pontos negativos inerentes a toda competição, a professora Paulina a usa com parcimônia, não enfatiza as diferenças entre os grupos e não concede recompensas. Cada aluno que lê, mesmo não sendo bem-sucedido, é auxiliado a refazer a sua leitura corretamente. Assim, é levado a repetir até superar a sua hesitação, tendo a oportunidade de vivenciar a experiência do êxito. A professora elogia os resultados e posso ver rostos gratificados. Depois disso, o final de aula geralmente é aproveitado para tomar a lição individualmente, enquanto os outros realizam um exercício.

O que eu gostaria de destacar no desempenho dessa professora é o fato de ter conseguido realizar com relativa facilidade duas situações que considero fundamentais na aprendizagem da leitura e da escrita, e que geralmente são negligenciadas, talvez por serem vistas como um bicho de sete cabeças. Uma situação é o que se chama tecnicamente trabalho diversificado e que se concretiza naturalmente quando ela determina a um grupo a realização de um exercício importante e interessante enquanto outro grupo "dá a lição". A outra situação é a criação de pequenos momentos de atividades em que o aluno terá ocasião de ver e saborear o seu próprio êxito, reforçado pela aprovação da professora. Isto, a meu ver, tem importância vital para que possa ser desemperrada a relação dos alunos com as palavras, os sons, as frases, as letras e eles possam avançar sem barreiras capazes de ferir a sua autoconfiança e autoestima. Ainda é importante lembrar que esses momentos, longe de serem momentos rigidamente demarcados, com hora certa para acontecer, po-

Lições de duas experiências | **77**

dem ser vividos o tempo todo de forma imprevista, na leitura, na cópia, no ditado, na correção dos exercícios, na expressão oral, nas conversas, nas brincadeiras ao ar livre. É só querer aproveitar.

(p. 119-121)

(...)

Assim é com a questão fundamental do tempo de atendimento às dificuldades mais sérias ou menos sérias dos alunos, a qual parece, na prática vivida, estar fortemente vinculada à questão da obediência às normas e à questão do período preparatório prolongado e inútil. Tentando precisar um pouco melhor a natureza do problema no caso da alfabetização nessa escola, vejo despontarem vigorosos os aspectos da atenção precária ao aluno, do atrelamento da professora a ordens, regras e rotinas convencionais, das hesitações e, por certo, das omissões da equipe dirigente. Vejo-os também frequentemente dissimulados pela noção de prontidão ou imaturidade da qual parecem estar imbuídas, como se fosse um dogma, quase todas as pessoas que praticam a alfabetização.

(p. 137-138)

(...)

Na escola parece haver um clima que colabora para levar a professora alfabetizadora a crer que o seu trabalho é muito árduo, penoso e quase sem esperanças, ao mesmo tempo em que sofre as tensões e pressões decorrentes das expectativas em torno do seu desempenho. Nas professoras desta escola por vezes eu podia captar um sentimento de angústia em relação ao início da alfabetização ou uma certa sensação de ameaça que parecia levá-las a desejarem retardar o seu começo. Parecia que o medo de não conseguir levar adiante o compromisso de ensinar a ler e a escrever, aliado à inegável experiência anterior de fracasso, era algo capaz de fazê-las mitificar a sua tarefa. Neste contexto, seria natural a tendência a escorar-se em tudo aquilo que pudesse adiar ou emperrar as atividades que deveriam ter fluído naturalmente desde o primeiro dia de aula. Além disso, o hábito de ouvir sem contestar e a tendência a obedecer sem questionar parecem facilitar a crença no discurso corrente sobre o assunto e a incorporação das suas "verdades", além de limitar o seu despertar para

78 | Capítulo 5

a busca de alternativas que possam tornar o ensino a favor dos alunos e não contra eles, um ponto de partida e não um "ponto final".

(p. 138-139)

O segundo estudo que vamos apresentar aqui, também uma dissertação de mestrado,[3] não constitui precisamente um estudo de caso, mas se desenvolveu dentro da perspectiva da pesquisa de tipo etnográfico e ilustra bem vários problemas nela envolvidos.

O tema central do estudo é a questão da avaliação. Sua autora, Ruth, se viu motivada para o assunto, a princípio, pelas dificuldades apresentadas por suas alunas de um curso de pedagogia, futuras professoras formadoras de outras professoras, portanto. Ela se preocupava então, e com razão, com a concepção que essas moças tinham da avaliação em educação e como ela repercutiria na formação de suas futuras alunas do curso normal, que viriam a ser professoras do 1º grau.

Na verdade, o problema tinha surgido para Ruth a partir dos relatos que suas alunas faziam dos estágios obrigatórios junto a professoras de 1º grau, sobretudo no que se referia à avaliação. Suas alunas faziam comentários do tipo: "A professora só avalia com base nas provas", "As professoras não têm critérios comuns", "Cada um avalia de um jeito" (Zindeluk, 1985, p. 10). Esses comentários levavam-na a se perguntar como andava a avaliação entre as professoras do 1º grau.

Ao comunicar sua ideia à orientadora, esta lhe indagou se não seria mais interessante abordar logo as professoras engajadas atualmente no 1º grau, para conhecer o que pensavam sobre avaliação, em vez de começar por suas futuras formadoras. Ruth ponderou a sugestão e resolveu finalmente mudar os sujeitos do seu estudo. Estudaria então o que se passa não apenas na cabeça, mas também na prática da professora de 1º grau no que diz respeito à avaliação.

Seu estudo se reveste de um particular interesse, a nosso ver, à luz das tenebrosas estatísticas que constatavam há quatro décadas a eliminação de cerca de metade das crianças, logo nos dois primeiros anos

---

[3] Ruth Levi Zindeluk. *A Professora de 1º Grau frente às Normas e à Prática da Avaliação.* Dissertação de Mestrado, Departamento de Educação, PUC-Rio, abril 1985.

do 1º grau. Claro que não era a avaliação o único fator responsável por essa injusta exclusão, mas ela representava o mecanismo pelo qual se efetuava essa operação.

O que se passa na cabeça da professora ao classificar um aluno como reprovado, sabendo que isso pode contribuir quase fatalmente para que ele acabe se evadindo, se não no primeiro ou no segundo, certamente após o terceiro ou o quarto ano de repetição? Será que a professora tem consciência das consequências do seu ato (simplesmente!) classificatório? Como ela manipula todo o instrumental avaliativo disponível, como provas, testes, fichas, conselhos de classe etc.? Ou será que ela é que é manipulada por todo esse arsenal, do qual o aluno sofre o peso sem saber extrair dele o melhor uso? Como a instituição escolar - composta por professores, diretores, orientadores, alunos, pais e acrescida de uma outra dimensão exterior, representada pelos supervisores, pelos técnicos e administradores do setor central (o DEC, no Rio de Janeiro) - reage à legislação específica sobre avaliação? Como são divulgados, entendidos e cumpridos (ou não) os pareceres a ela relativos? Enfim, toda essa delicada trama, de tanta importância para a educação, especialmente na escola de 1º grau, foi que acabou se convertendo no objeto de estudo para Ruth.

Como Tânia, ela não estava interessada em acrescentar informações estatísticas às disponíveis sobre o assunto, já sobejamente preocupantes. O que lhe interessava era descobrir o que se passava realmente na prática diária da professora com relação à avaliação. Para fazer essa descoberta ela precisaria colar-se a essa prática diária, se possível não de apenas uma professora nem de uma só escola.

Seus instrumentos por excelência seriam a observação do trabalho em sala de aula, das reuniões dos conselhos de classe, mas também a entrevista de professoras, de diretoras, de orientadoras, que atuam direta ou indiretamente sobre o ensino.

Como Tânia, ela tinha suas convicções iniciais, baseadas em uma reflexão crítica sobre a literatura específica de avaliação educacional e sobre sua experiência como professora de 1º grau. Elas não chegavam a constituir hipóteses a serem testadas, mas simples pistas, ainda vagas, a serem seguidas.

80 | Capítulo 5

A partir daí o estudo foi desenrolando-se e, como no de Tânia, algumas questões foram configurando-se como fundamentais, sugerindo padrões para a análise. Foi o caso da prova, por exemplo, que começou a surgir, dentre as muitas informações recolhidas, como chave para explicação de vários aspectos do processo avaliativo na escola de 1º grau. Não simplesmente a prova como mera verificação de conhecimentos, tal como se apresenta usualmente no jargão avaliativo, mas a prova entendida, aplicada, elaborada, escamoteada, trapaceada e até negada no complicado sistema de forças que compõem uma escola. Que significa realmente uma prova para o processo de avaliação dos alunos? E que significa ela para a avaliação da própria professora ou da supervisora que a elaborou? E para o DEC, isto é, para o sistema de controle central, como pesam os resultados das provas na definição do destino dos alunos e das escolas? E como estas se resguardam de possíveis consequências negativas de seus resultados, através de mecanismos os mais engenhosos!

Pois todas essas intrigantes questões, típicas da avaliação, passaram a povoar o universo de estudo de Ruth. Ela seguiu cuidadosamente, por quase dois anos, o trabalho de vários professores, em três escolas diferentes, todas da rede pública de 1º grau e atendendo a uma clientela de baixa renda. Como Tânia, ela constatou padrões de comportamento de âmbito geral quase que uniformizados sob a pressão e o comodismo da rotina, mas também documentou bem-sucedidas trajetórias alternativas tentadas por professores corajosos.

Como não constitui propriamente um caso, o estudo de Ruth não cuidou de focalizar o todo de uma escola, preferindo destacar a atuação de algumas professoras, ainda que em escolas diferentes. Tal como ocorreu com Tânia, depois de algum tempo ela dispunha de uma grande quantidade de dados acumulados e foi obrigada a optar por uma parte deles para compor seu relatório final. Também ela sentiu a dificuldade de integrar a fundamentação teórica à massa de dados, mas já dispunha do exemplo de Tânia, ainda recente e precioso, para ampará-la nessa difícil tarefa. Mais ainda do que Tânia, ela sofreu, ou melhor, seu relato sofreu a dificuldade de trazer bem clara e distintamente apresentadas as evidências constatadas e suas próprias interpretações.

Como fizemos com o estudo de Tânia, apresentaremos alguns trechos do estudo de Ruth que servirão de amostra do seu trabalho, cuja leitura integral também recomendamos. Em ambos os estudos apresentados, além das descobertas de cada um sobre temas bastante palpitantes, fica também evidenciado, a nosso ver, que eles não poderiam ter sido feitos se não fosse o emprego de uma abordagem metodológica adequada à natureza dos fenômenos enfocados.

Da parte introdutória:

A correlação encontrada entre o fracasso escolar e o nível socioeconômico baixo da clientela fundamenta a maioria dos trabalhos que investigam a seletividade exercida pela escola. Nessa situação as atividades de avaliação parecem se limitar a ratificar, legitimando, com pretensa objetividade técnica, uma situação na qual os alunos, em sua maioria, já entram predestinados ao fracasso. Assim, os resultados de uma prova objetiva têm significado não apenas dentro da classe, mas evidenciam uma situação social determinada (Nidelcoff, 1978, p. 78). *

A função seletiva da avaliação na escola que aí está parece clara nas exposições acima, entretanto não fica claro se esta é a única função possível para a avaliação ou se há possibilidade para uma ação avaliativa dirigida para outra proposta de prática educativa, esta mais adequada às necessidades da clientela escolar, ou seja, à nossa realidade.

(p. 8-9)

(...)

As informações em parte descritas acima me levaram à seguinte questão: o que está de fato por trás dos conceitos? Qual é o seu verdadeiro significado? Em que os professores se baseiam para atribuir os conceitos aos seus alunos? Como, afinal, se processa a avaliação?

A resposta a essas questões me pareceu básica para entender o significado verdadeiro das estatísticas publicadas pelos órgãos responsáveis sobre a situação do ensino.

Foi esse o motivo básico que me levou às escolas para acompanhar de perto a prática da avaliação desenvolvida pelas professoras de 1ª série no 1º grau.

82 | Capítulo 5

Por que a 1ª série?

Observando as estatísticas, esta série escolar aparece como o maior ponto de estrangulamento do sistema educacional, ou seja, é nessa série que incide o maior número de alunos reprovados ou evadidos.

(p. 10-11)

(...)

Referindo-se a estudos anteriores

Sem dúvida, esses estudos contribuíram para oferecer uma visão sobre o que há em comum na percepção dos professores em relação a determinados aspectos da avaliação. No entanto, os dados obtidos por essas pesquisas, segundo as próprias autoras, têm o significado de um ponto de partida. Nesse sentido, embora não seja esta a sugestão dada pelas autoras, acreditava que para ampliar a compreensão sobre como os professores colocam o conceito de avaliação e, sobretudo, como se colocam pessoalmente frente a ele na sua prática, deveria optar por outra linha de pesquisa que me possibilitasse contextualizar essa prática, ou seja, entender o quadro referencial dentro do qual as professoras interpretem suas percepções; captar a multiplicidade e a especificidade da prática da avaliação; trabalhar com variáveis, não previstas, mas com aquelas que iriam emergindo ao longo do estudo, assim como as questões e as hipóteses que poderiam explicar essa realidade.

A linha de pesquisa que convergia em suas características apontadas na literatura, com meu modo de conceber o estudo, parecia ser a abordagem qualitativa que, na área educacional, tem sido denominada etnográfica ou naturalística (André, 1978,* Stake, 1982a**), porque esta se caracteriza, segundo André (op. cit.), pela observação sistemática das situações reais de campo onde os fenômenos têm maior probabilidade de ocorrer naturalmente e a partir dos quais podem ser desenvolvidas hipóteses e teorias, assim como pelo seu caráter aberto e flexível (p. 9).

Eu via nas vantagens do uso de dados qualitativos, apontadas por Tikunoff e Ward (André, 1983***). a possibilidade de captar a complexidade e a compreensão das várias dimensões peculiares à prática da avaliação.

Lições de duas experiências | **83**

No entanto, estava claro para mim que o simples fato de optar por uma linha de pesquisa não era suficiente para garantir a obtenção dos dados. Isso dependia do meu procedimento, da minha destreza em captar a realidade observada, da minha capacidade de ver o que se passava frente aos meus olhos.

(p. 13-14)

(...)

Logo percebi que o fundamental nesse tipo de registro é a descrição detalhada dos eventos. Nesse sentido fui notando que me deveria deter em alguns aspectos que se estavam configurando, para mim, como os mais importantes e dedicar a eles minha maior atenção, pois era humanamente impossível registrar tudo. Tal fato, inicialmente, era motivo de ansiedade e preocupação. Progressivamente a ansiedade cedeu lugar à consciência de que o estudo se caracterizaria por uma visão singular, que carregaria em seu bojo a ótica possível naquele momento. Sentia muita falta de alguém vivenciando comigo aquela realidade, com quem poderia discutir os fatos, fazer a triangulação. Às vezes lia minhas descrições a outras pessoas, que me ajudavam a ver os fatos descritos por um outro prisma. Isso me ajudou sobremaneira por ocasião da análise dos dados.

(p. 21)

(...)

O momento mais difícil do estudo foi o de análise dos dados. Embora ao longo do estudo fossem emergindo as categorias, não foi fácil optar pelas falas e descrições que deixassem evidente, para o leitor, aquilo que estava claro para mim. Passei longo tempo selecionando as falas, as situações, organizando-as na tentativa de deixar mais clara e viva a minha experiência. Era um mundo de dados que já fora adquirindo um valor afetivo para mim. Queria colocar tudo no papel, no entanto muita coisa foi necessário abandonar. A comunicação linear da escrita me parecia um meio difícil para expressar a dinâmica dos atos e dos eventos. Procurava, principalmente, nos estudos de caso (Stake, Nisbet, Salim) a fonte de inspiração. Analisava o

84 | Capítulo 5

modo como esses pesquisadores descreviam suas experiências, até encontrar, após várias tentativas, a forma na qual o estudo se apresenta.

(p. 22-23)

(...)

Do relato propriamente dito:

No que diz respeito à prática de avaliação, os documentos legais conferem liberdade, flexibilidade e responsabilidade aos estabelecimentos de ensino para organizar seus próprios sistemas de avaliação e, como foi visto no parecer acima citado,* essa autonomia é conferida também ao próprio professor. Entretanto, existem diretrizes e normas, contidas nos próprios documentos legais, que têm o intuito de orientar a prática desenvolvida nas escolas, assim como é previsto um apoio a ser dado pela Secretaria Municipal de Educação e Cultura em matéria de avaliação. Vi se configurando aqui algumas questões: Como são veiculadas as diretrizes e as normas prescritas pela lei, a nível da unidade escolar? No que constitui o referido apoio? Haveria uma identificação entre a abordagem prescrita na Lei e a percepção dos professores dessa prática? Enfim, como se traduz na prática a proposta avaliativa? Como se realiza a avaliação, sobretudo na 1ª série do primeiro grau, nível tão fundamental no processo educacional?

Tais questões pareciam reafirmar a necessidade de um estudo junto à prática desenvolvida na sala de aula, de conviver e observar o dia a dia dessa prática, de modo a verificar essa atuação um pouco além do que é dito e informado pelos documentos ou mesmo pelo discurso dos educadores.

(p. 62-63)

(...)

Na intimidade da sala de aula observo como é feito o acompanhamento do desempenho de cada aluno e o que é feito em função desse acompanhamento. Paralelamente, tento captar a percepção que os professores têm desse acompanhamento. Neste momento tentarei descrever o que pude observar em relação a cada um desses aspectos.

Lições de duas experiências | **85**

Logo no início da observação já posso notar que, de fato, essa atividade ocupa em média dois terços do tempo de aula. Vejamos como cada professor vê e faz essa correção.

Rita, professora da escola 1, afirma que a correção é fundamental na 1ª série, não só para acompanhar o desenvolvimento do aluno como também para sua aprendizagem. Ela fundamenta sua afirmação na sua experiência com o trabalho de alfabetização.

Marta e Ângela, da escola 3, e Lúcia, da escola 2, são da mesma opinião, também amparadas na sua experiência com a alfabetização.

Luísa considera a prática da correção aborrecida, prática essa que não usava quando trabalhava com a 3ª série. Segundo ela, na 3ª série não corrigia os trabalhos, só dava prova e pronto. Mas Rita disse que na 1ª série é diferente. Tem que corrigir mesmo, senão os alunos não aprendem... Então tem saída? Lá vou eu corrigindo todos os trabalhos.

Inês, da escola 2, também diz ter sido informada de que é uma atividade necessária nessa série escolar. Inês acredita que de fato seja, ponderando a idade e o estágio de aprendizagem dos alunos. Segundo ela, eles são muito pequenininhos, estão começando a aprender. Comparando-os com a 3ª série, com a qual trabalha no período da manhã, comenta: na 3ª série os alunos andam sozinhos; é só tocar a matéria.

No entanto, ela não vê na correção uma forma de avaliar o aluno, que, segundo ela, só pode ser avaliado por meio da prova. A função da correção, no modo de ver dessa professora, só serve para o aluno, como meio de aprendizagem.

(p. 90-91)

(...)

No último conselho, embora as professoras viessem dispostas para discutir principalmente os casos de aprovação dos alunos para a 2ª série, essa discussão não se fez necessária, na medida em que as instruções para a Matrícula de 84 (Rio 83), no que se refere à organização das turmas, diziam o seguinte: Os alunos da 1ª série, 3ª etapa, que no 4º COC[4] forem considerados aptos a frequentar a 4ª série (conceito A, B e C) cursarão

---

[4] COC - Conselho de classe.

86 | Capítulo 5

a 2ª série em 1984. *Dito isso, a supervisora pretendia passar para outro ponto da ordem do dia. Uma professora, um pouco distraída, notando que a leitura do documento acabou, e esse era habitualmente o sinal para o início da discussão sobre os conceitos, não entendia por que motivo a supervisora estava propondo outro assunto, perguntando:* Não vamos agora ver os conceitos? *A supervisora respondeu:* Não adianta ver nada, todos (referindo-se aos alunos da professora) vão para a 2ª série, de qualquer jeito. *A professora da turma dos novinhos, acordando para o fato, levantou-se furiosa, dizendo:* Vai ser um crime passar essas crianças para a 2ª série. *A diretora, tentando acalmá-la, disse:* O que podemos fazer é após dez dias deixar como ouvinte na 3ª etapa. *E assim foi finalizada a discussão sobre a avaliação do desempenho dos alunos. Esse fato parece evidenciar em que plano é colocada essa avaliação, já notada no conselho do 3º bimestre. Salim (1984) parece retratar, em seu estudo de caso de uma escola estadual da Baixada Fluminense, essa mesma realidade. Descrevendo a situação da avaliação percebida no mesmo evento, diz:* Longe de ser um processo de acompanhamento e conhecimento do aluno, representa apenas uma forma de atribuir conceitos para cumprir uma exigência formal, por isso mesmo mecânica e artificial (p. 29).

Não posso generalizar a prática da avaliação, observada por mim no interior da sala de aula, como a descrita acima; entretanto, sem dúvida é a percepção de avaliação da equipe técnico-administrativa das três escolas observadas por mim, sendo que, na escola 2, ao menos, se discutia sobre os conceitos. Nas outras escolas estes apenas eram informados.

(p. 135-136)

(...)

No final do 2º bimestre Luísa aplica a prova de matemática. A sala preparada, com as carteiras separadas, dá um ar diferente à sala de aula. O ambiente é formal, bastante tenso. Ordens são dadas para garantir que cada aluno faça sua prova sozinho. No entanto, vejo que a professora acompanha a execução principalmente dos grupos forte e médio passando pelas carteiras, apontando os erros, explicando alguns exercícios, enfim, tentando garantir a boa execução da prova.

(p. 137)

Lições de duas experiências | **87**

(...)

Após as explicações dadas, vejo Rita passando os conceitos já atribuídos, a caneta. Posso perceber que, toda vez que chega um conceito C, examina a prova do aluno, dá uma folheada e detém-se no ditado contando os erros. Tal fato deixou evidente que esta professora sentia-se confiante para avaliar aqueles que se destacavam como fortes ou fracos; no entanto, o aluno médio era pouco percebido no acompanhamento diário, mesmo para definir-lhe o conceito. Para isso era utilizada a prova.

(p. 146)

(...)

Terminado o trabalho, a prova, por momentos esquecida, volta à tona. O problema a ser resolvido naquele momento era o que fazer com ela. Como será explicado aos pais o motivo da diferença entre a nota da prova e o conceito?

Um fato estava claro para as professoras: não podemos dizer para os pais que não confiamos no aproveitamento do aluno. Na tentativa de dar uma solução, foram ventiladas algumas sugestões: os pais não precisam saber o motivo. Podemos dizer que a prova é uma verificação apenas ... Tentando incrementar a sugestão de Rita, Luísa diz: Podemos dizer que a avaliação não é só a prova. No resultado entram também a assiduidade, o comportamento etc.

(p. 147)

(...)

Inicialmente, com base apenas nas falas, acreditava que a concepção das professoras, da avaliação contínua, coincidia com a prescrita pela Lei, ou seja, a maioria das professoras tenderia a valorizar a avaliação formativa. Nesse sentido se poderia chegar às mesmas conclusões de Ramos (1978). No entanto, a prática observada parece evidenciar que o papel da avaliação, para algumas, refere-se apenas a uma verificação de resultados e não a um meio para a melhoria do processo ensino/aprendizagem. Entretanto, confrontando o discurso e

88 | Capítulo 5

a prática, isso me pareceu propriamente uma contradição entre essas categorias de expressão. A observação do dia a dia me fez entender o significado de sua fala, ou seja, o que as professoras entendiam como sendo acompanhar o aluno.

De fato, as verificações da aprendizagem não se limitaram à prova bimestral; no entanto, as verificações feitas ao longo do período letivo não as faziam vislumbrar no processo de avaliação uma forma de investigação em função de cada aluno, visando desenvolver uma ação no sentido de orientar os alunos para que de fato se apropriassem do saber escolar. Essas verificações acabaram configurando-se como um desdobramento da prova final em várias instâncias de controle do produto da aprendizagem no decorrer do período. A professora, sabendo onde está na matéria, periodicamente checa se os alunos, em média, ou às vezes os que podem ser salvos, estão acompanhando o ritmo imprimido por ela. Dependendo do resultado dessa checagem, tenta acertar o passo ou, em função do momento do período letivo, reduz o conteúdo a ser transmitido. A redução incidia sobre as habilidades consideradas por ela de menor significado, tais como: matemática, estudos sociais, expressão oral, enfim, tudo aquilo que é visto como supérfluo comparado com o objetivo primordial, a alfabetização, da maneira que é compreendida pelas professoras: decodificação dos fonemas na leitura e a reprodução correta das palavras ditadas.

Essa situação deixava as professoras angustiadas e desanimadas, pois não viam uma atuação possível junto a esse aluno apático, desinteressado, indisciplinado - características percebidas como um produto inexorável, e não como uma situação a ser trabalhada pela escola.

Pude observar, no trabalho de Lúcia e, em parte, no de Marta, uma tentativa no sentido de uma atuação possível. Entretanto, o encastelamento dessas tentativas dentro da sala de aula, bastante reforçado, a meu ver, pelo próprio clima de trabalho da escola, acabou tornando esses lampejos de busca e de um certo otimismo em um trabalho isolado, com pouca chance de crescer e até, dado o clima geral de descrença e desânimo, tendendo a morrer.

Lições de duas experiências | **89**

De modo geral, as professoras não valorizam o trabalho pedagógi-co, porque essa valorização implicaria, provavelmente, um comprome-timento com os alunos e a crença de que todos têm condições de acesso e apropriação do conhecimento, desde que se saiba como trabalhar com ele. No entanto, questionar o trabalho desenvolvido parece ser amea-çador, sobretudo quando esse questionamento não está articulado com uma visão crítica da escola como um todo, das suas crenças e da própria formação profissional.

(p. 159-161)

Bibliografia básica

Para apoiar o pesquisador que se inicia em trabalhos dentro das abordagens qualitativas, a bibliografia disponível em português é bastante escassa. A lista que apresentamos a seguir reúne alguns livros que, ao lado daqueles já citados no final de cada capítulo, poderão ser de grande utilidade. Nela estão incluídas algumas obras clássicas que, embora elaboradas por autores estrangeiros e já há algum tempo, continuam apresentando uma contribuição técnica inestimável para o trabalho de pesquisa.

1. Sobre diferentes formas de pesquisa e seus problemas

BARBIER, M. *Pesquisa-ação na instituição educativa*. Rio de Janeiro: Zahar, 1985.

BRANDÃO, C.R. (org.). *Pesquisa participante*. São Paulo: Brasiliense, 1982.

_____. (org.). *Repensando a pesquisa participante*. São Paulo: Brasiliense, 1984.

DEMO, P. *Metodologia científica em ciências sociais*. São Paulo: Atlas, 1981.

HUGHES, J. *A filosofia da pesquisa social*. Rio de Janeiro: Zahar, 1983.

KAPLAN, A. *A conduta na pesquisa*. São Paulo: Herder/EDUSP, 1969.

MILLS, C.W. *A imaginação sociológica*. Rio de Janeiro: Zahar, 1965. Apêndice. Periódico: *Cadernos de Pesquisa*. Fundação Carlos Chagas, fev. 1982, nº 40, B. Gatti (org.). Alternativas metodológicas para a pesquisa educacional.

NUNES, E.O. (org.). *A aventura sociológica*. Rio de Janeiro: Zahar, 1978.

PHILLIPS, B.S. *Pesquisa social*. Rio de Janeiro: Agir, 1974.

THIOLLENT, M. *Crítica metodológica, investigação social e enquete operária*. São Paulo: Polis, 1980.

_____. *Metodologia da pesquisa-ação*. São Paulo: Cortez, 1985.

2. Para uma orientação específica sobre técnicas de coleta de dados e seus instrumentos

BARDIN, L. *Análise de conteúdo*. Portugal: Edições 70, 1977.

FESTINGER, L.; KATZ, D. *A Pesquisa na psicologia social*. Rio de Janeiro: FGV, 1974.

GOODE, W.; HATT, P.K. *Métodos em pesquisa social*. São Paulo: Nacional, 1960.

GUIMARÃES, A. Z. (org.) *Desvendando máscaras sociais*. Rio de Janeiro: Francisco Alves, 1980.

JUNKER, B. H. *A importância do trabalho de campo*. São Paulo: Lidador, 1971.

NOGUEIRA, O. *Pesquisa social:* introdução às suas técnicas. São Paulo: EDUSP, 1968.

SELLTIZ, C. et al. *Métodos de pesquisa nas relações sociais*. São Paulo: E.P.U., EDUSP, 1967.

Referências a artigos em periódicos e a outras obras específicas podem ser encontradas no final de cada capítulo, ficando alguns temas, infelizmente, ainda muito dependentes de bibliografia estrangeira, como é o caso dos Capítulos 2 e 4.

NEXO

Exemplo de uma pesquisa[1]

Apresentamos, a seguir, a síntese de uma pesquisa do tipo etnográfico, que ilustra de forma mais clara a utilização de uma das abordagens discutidas neste livro.

Alfabetização: um estudo sobre professores das camadas populares:[2]

Sônia Kramer
Mestre em Educação pela Pontifícia Universidade Católica do Rio de Janeiro (PUC-Rio).
Professora do Departamento de Educação dessa Universidade e técnica do MOBRAL.

Marli Eliza D. A. André
Pontifícia Universidade Católica do Rio de Janeiro (PUC-Rio)

Este trabalho visa apresentar os resultados e as reflexões decorrentes de um estudo sobre as práticas de alfabetização desenvolvidas em doze escolas

---

[1] Publicada na Revista Brasileira de Estudos Pedagógicos, Brasília, 65(151), 523-37, set/dez. 1984. Reimpressa com autorização.
[2] Artigo-síntese da pesquisa de mesmo título realizada sob o patrocínio do INEP, da qual participaram as seguintes pesquisadoras do Departamento de Educação da PUC-Rio: Andréa Brandão, Maria Beatriz Albernaz, Marli Eliza D. A. André, Sandra M. Cardoso e Sonia Kramer.

públicas do município do Rio de Janeiro onde, a despeito das limitações objetivas de suas condições de trabalho e formação as professoras conseguem alfabetizar crianças das camadas populares. São aqui discutidos os dados de observações de vinte turmas e suas respectivas professoras, focalizando principalmente os critérios de aprovação dos alunos, os métodos de alfabetização adotados, a inter-relação entre conteúdo-disciplina-afetividade-aprendizagem e o compromisso da professora com o ensino.

Introdução

Um dos aspectos relevantes deste trabalho é o registro de práticas pedagógicas desenvolvidas na primeira série da escola pública, onde o professor esteja realmente conseguindo alfabetizar crianças das classes populares, apesar das limitações objetivas de suas condições de trabalho e formação. Uma consequência importante deste enfoque é deslocar a visão do professor como o único responsável pelo fracasso escolar, apontando alternativas que se têm mostrado viáveis na concretização do processo de alfabetização.

Outro aspecto relevante é a possibilidade de trazer alguma elucidação para a questão da competência do professor em lidar com a diversidade cultural dos alunos. Ao tentar focalizar práticas "bem-sucedidas" procuramos nos deter, especificamente, nas formas que o professor utiliza para trabalhar as experiências e os conhecimentos que os alunos trazem para a escola (seu capital cultural).

Vários estudos e pesquisas vêm mostrando a inadequação da escola em lidar com uma clientela proveniente dos estratos mais pobres da sociedade. No entanto, são praticamente inexistentes trabalhos que apontem para as formas efetivamente empregadas pelo professor no ensino da leitura e da escrita, tendo em vista a variedade de universos culturais encontrados na escola. É nesse espaço que se coloca a possível contribuição do presente estudo.

A fase inicial da pesquisa se constituiu no delineamento do tema e na configuração dos "pontos críticos", que orientaram a coleta dos dados e sua análise. Os pontos críticos tiveram origem num exame da literatura e na revisão dos estudos relacionados à alfabetização e

94 | Anexo

à prática pedagógica das escolas de 1º grau e foram estruturados em forma de questões, questionamentos e proposições apontados como relevantes nos trabalhos revistos e que estão a suscitar atenção mais sistemática ou estudo mais aprofundado. Esses aspectos, que envolvem debate e discordância e vão sendo modificados e aperfeiçoados no decorrer da pesquisa pelo confronto com a realidade e por um maior aprofundamento do tema, são os seguintes:

a. A disciplina é necessária para a aprendizagem? Como a professora percebe a disciplina? Como ela a trabalha? Como a professora exerce sua autoridade? Que repercussão tal autoridade tem junto aos alunos?

b. Há espaços no processo de alfabetização para atividades, interações e experiências dos alunos? Como elas se relacionam com o aprendizado da leitura e da escrita? A professora utiliza as "manifestações culturais" das crianças? A professora, no desenvolvimento das atividades cotidianas, possibilita a expressão das experiências, vivências e conhecimentos das crianças? Como?

c. Como se dão as manifestações afetivas da professora para com as crianças? Qual a relação dessas manifestações com os sentimentos que a criança desenvolve para com a aprendizagem, os objetos e as pessoas do ambiente escolar?

d. Que critério a professora usa para considerar seus alunos alfabetizados? Que estratégias ela utiliza para avaliar o aproveitamento ao longo do processo de alfabetização?

Estas questões críticas serviram, assim, de ponto de partida para a entrada na realidade - as salas de aula de 1ª série - das escolas públicas do município do Rio de Janeiro. Nesta fase da pesquisa, o trabalho de campo teve um caráter essencialmente experimental, visando ao teste dos procedimentos e das estratégias para a etapa mais sistemática de coleta de dados a ser realizada durante o ano de 1984. Os dados aqui reportados devem, pois, ser considerados à luz desse caráter inicial, exploratório, o que afasta qualquer pretensão de análises conclusivas. Os aspectos apontados servirão de guia para reflexão e estudo mais aprofundado, assim como para definição dos critérios e procedimentos a serem empregados na próxima etapa da pesquisa.

As estratégias adotadas para a observação nas escolas

Durante o período de setembro a dezembro de 1983 foram visitadas 12 escolas municipais e nelas observadas 20 professoras, havendo uma diferenciação na relação pesquisadora/escola/número de professoras. Assim é que, devido ao tamanho da escola, ao número de turmas de 1ª série com índice alto de aprovação e, também, à disponibilidade de observação da pesquisadora em termos dos turnos, em algumas escolas observou-se uma professora, em outras duas e, em uma, quatro professoras. Em alguns casos foi feita apenas uma observação, na medida em que se constatou que esta não trazia elementos novos ou diferentes dos que estavam sendo obtidos nas demais observações. De forma geral, portanto, acompanhamos 16 professoras numa média de 6 observações cada uma, tendo também variado a duração de cada período de observação - de 2 a 4 horas. Esta variação foi intencional, para possibilitar uma melhor definição, na fase sistemática da pesquisa, de um período adequado de permanência na sala de aula.

Quanto à estratégia utilizada para as observações, cabe mencionar que realizamos observações sistemáticas e intensivas, procurando manter um comportamento informal com as professoras e não deixando de explicitar os objetivos da pesquisa sempre que solicitados.

Quanto ao registro dos dados, tendo por base os pontos críticos, procuramos descrever, de forma cursiva, as situações de sala de aula, focalizando especialmente as falas, as atividades desenvolvidas e as reações das professoras e das crianças, buscando sempre separar as descrições de sua interpretação.

Cabe registrar o quanto a receptividade das escolas e dos Distritos de Educação e Cultura[3] facilitou nosso contato com as professoras.

Apesar de nos sentirmos bem nas escolas, percebíamos no início que nossa presença, de certa forma, incomodava as professoras, que se mostravam preocupadas com as anotações feitas. Uma das professoras, por exemplo, aproximava-se algumas vezes da pesquisadora para ver o que estava sendo anotado, o que nos pareceu perfeitamente com-

---

[3] O Município do Rio de Janeiro é subdividido em 22 Regiões Administrativas, correspondendo a cada uma delas um Distrito de Educação e Cultura - DEC.

preensível. Outra professora falou sobre seu próprio comportamento frente à presença de uma visita:

> "Você me desculpe, mas eu só sei ser igual, quando eu tenho que brigar eu brigo, senão cada vez que tivesse visita, e eu ficasse diferente, as crianças não iam entender." (profª A)

A reação das crianças à presença da pesquisadora era de uma certa agitação e curiosidade nas duas primeiras observações e, daí por diante, essa presença não parecia afetá-las mais.

Nesse sentido, a despeito das pequenas interferências e reações constatadas, pensamos que nossa presença não determinou mudanças significativas na dinâmica das salas de aula, nem na atitude das professoras ou das crianças. Podemos, portanto, dizer que as observações feitas refletem, de forma bastante aproximada, o cotidiano do trabalho nas escolas, em que pese nossos vieses e prioridades que, de algum modo, devem ter interferido na captação e no registro dos dados.

O contexto: escolas, professoras, crianças

As características das *escolas* observadas se mostraram heterogêneas. Algumas estão situadas em bairros mais centrais (Estácio, Glória, Bairro de Fátima, Praça da Bandeira), outras na Zona Norte da cidade (Vila Isabel, Andaraí), outras na região suburbana (Engenho da Rainha, Lins, Cascadura, Sampaio) e duas na Zona Sul (Copacabana).

Além da dispersão geográfica, encontramos escolas de pequeno, médio e grande porte (desde 5 até 25 turmas), com melhores ou piores condições de funcionamento (equipamento, manutenção da limpeza e conservação do prédio, espaço físico). De maneira geral, no entanto, constatamos que a limpeza era extremamente precária e que a maioria das escolas não tinha espaço para atividades fora da sala de aula. Em algumas delas, as atividades extraclasse envolviam a escola como um todo, como uma em que havia uma mobilização geral em torno do projeto de criação de uma escola de samba (as aulas, inclusive, eram dadas com ensaio de batucada ao fundo), ou outra em que a mobilização corria por conta de uma festa da primavera, com vendas de rifas e eleições de rainha da festa.

Do ponto de vista da proposta pedagógica, havia escolas em que a alfabetização era o objetivo principal (duas), outras que estavam iniciando a implantação de um projeto educacional, mas a maioria não parecia ter uma proposição mais abrangente de trabalho - há, por exemplo, o caso de uma escola que estava sem direção há quase um ano. Isto nos possibilitou encontrar professoras que desempenhavam seu trabalho aparentemente com o apoio da direção e da supervisão, bem como outras que o faziam apesar da escola.

No decorrer dessa fase exploratória, não obtivemos elementos suficientes para uma análise do tipo de apoio pedagógico e administrativo dado às professoras, mas, de acordo com depoimentos de duas delas, são muitas as variações na atividade de supervisão escolar, que se concretizam tanto de forma impositiva, como no caso dos exames finais elaborados pela supervisão, sem a participação dos professores, quanto de modo cooperativo, como nos casos de discussão (troca de ideias) entre todas as partes envolvidas.

A forma de interação da escola e das professoras com as famílias apresenta-se também variada: é meramente formal em algumas escolas, e mais dinâmica em outras (há uma escola onde os pais estão muito envolvidos na conservação do prédio, equipamento e mobiliário; em algumas eles participam de festas etc.). Em uma das escolas, a professora envolvia sua própria família para "ajudar" os alunos - um misto de assistencialismo e estímulo - e em outra a professora decidiu fazer reunião individual com os pais "para conhecer melhor os alunos e compreendê-los melhor"

Quanto às *professoras*, constatamos uma grande variabilidade em relação à formação acadêmica e tempo de experiência no magistério, mas nenhuma professora recém-formada foi encontrada; há professoras com 3-4 anos de experiência, até aquelas com mais de 10 anos, sendo que duas estão prestes a se aposentar. A maioria delas fez apenas o curso normal e duas estão cursando o 3º grau (Letras e Comunicação). Há desde as que se angustiam com a sua prática - por exemplo, uma professora confessou que chora porque acha que não sabe lidar com as crianças - até aquelas que, talvez pela experiência longa, adquiriram grande firmeza e segurança em termos dos objetivos e respostas

98 | Anexo

das atividades. Mais de uma professora possui caderno de planejamento diário, incluindo objetivos, exercícios, plano de exposições em aula, trabalhos para casa e pauta de reuniões com as mães.

Em relação às *crianças* que frequentavam as classes observadas, podemos dizer, com base nas informações obtidas junto à Secretaria Municipal de Educação (SME), às diretoras e professoras das escolas e, ainda, a partir das fichas de dados dos alunos, que são na maioria provenientes da classe média-baixa ou baixa. Havia turmas em que, praticamente, todas as crianças aparentavam ser bastante pobres e outras em que a configuração do grau de pobreza era menos nítida. O número médio de crianças por turma oscilava em torno de 30.

Duas classes observadas eram de repetentes ou EEs, e em uma delas a professora era considerada como "a que dá jeito nas crianças impossíveis". Por outro lado, segundo relato das professoras, as crianças, em vários casos, passavam por uma triagem antes de entrar para a 1ª série, onde aquelas com maiores dificuldades eram colocadas em classes preliminares,[4] frequentando a 1ª série as que, de acordo com os critérios da professora, teriam condições de se alfabetizar.

Os achados do estudo

No decorrer do trabalho de campo obtivemos um material bastante vasto referente à prática pedagógica observada nas escolas, que não seria possível transcrever em toda a sua amplitude dadas as limitações de espaço de um artigo. A partir das situações descritas nos diários de campo e, também, das discussões desenvolvidas pela equipe, organizamos os diferentes aspectos nos itens seguintes: os critérios de aprovação das crianças, os métodos de alfabetização, a relação conteúdo/disciplina/afeto/processo de aprender e o compromisso profissional do professor. Procuramos transcrever neste trabalho aqueles aspectos e situações que consideramos mais relevantes.

Em todas as turmas houve *aprovação* da maioria dos alunos. Verificamos, no entanto, que, em algumas, a professora trabalhava apenas

---

[4] O objetivo das classes preliminares é trabalhar a prontidão para a alfabetização. Essas classes foram substituídas em 1984 por classes de alfabetização (CA).

Exemplo de uma pesquisa | **99**

o mínimo necessário para a aquisição da leitura e da escrita, enquanto em outras havia uma preocupação maior com a compreensão/interpretação daquilo que a criança lia, bem como com a produção escrita. Cabe ressaltar que em muitas das turmas houve preparação, em dezembro, para a 2ª série, ou revisão do conteúdo ensinado ("reforço", como as professoras denominam), não existindo necessidade de "recuperação". Encontramos, ainda, uma professora que no final de outubro já estava ensinando conteúdo de 2ª série, pois já havia concluído todo o programa de 1ª série.

A equipe considera que todas as práticas observadas são bem-sucedidas no sentido estrito de que as crianças estão alfabetizadas, diversificando-se, porém, na medida em que algumas se restringem "aos mínimos" e outras caminham para além destes. Consequentemente, os critérios de aprovação adotados pelas professoras são distintos, encontrando-se desde aquelas que se contentam com a leitura e escrita de palavras até as que solicitam a produção de frases ou uma pequena redação. Assim, a grande diversidade de critérios utilizados tornou difícil para a equipe determinar em que consiste uma alfabetização bem-sucedida.

Quanto aos *métodos de alfabetização* utilizados, observamos uma variação (palavração, natural, abelhinha, cartilhas *Sonho de Talita* e *Gente Sabida)*, além de métodos criados pelas próprias professoras, com uma nítida predominância para os fonéticos, o que nos provocou uma série de indagações. Algumas escolas adotam um só método, enquanto em outras cada professora faz a sua escolha, muitas vezes combinando dois ou mais métodos. Uma das professoras adota o método da abelhinha e também exercícios do *Sonho de Talita*, e justifica:

> "Uso o melhor de cada. No início, acho que a abelhinha é muito rápida, mas eu só uso as gravuras e os exercícios. O manual é um horror. Já a Talita vai muito devagar no início e na hora das dificuldades a professora tem que disparar". (profª C)

Outra professora afirma que "o método da abelhinha é impraticável com crianças muito pobres, pois elas não contam com ajuda em

100 | Anexo

casa", e utiliza o método da palavração. Numa das aulas, esta professora introduziu um novo fonema assim:

> "Vocês se lembram da palavrinha 'escola'? O 'es ' era o contrário do 'se'. Então, sa - se - si - so - su é o contrário de as - es - is - os - us. Agora, vamos ver a lição do 'armário'. Esse pedacinho aqui (escreve a palavra e circula o 'ar') vai ser o contrário de quê? ra - re - ri - ro - ru é o contrário de ar - er - ir - or - ur. Agora, se eu quiser escrever urso, que pedacinho eu vou usar? O ... 'ur' (e escreve no quadro a palavra 'urso'). E se eu quiser escrever 'barco'. O pedacinho 'ar', e na frente dele o 'b'." (profª X).

Seu método seria realmente o que se entende por palavração? Ou seria uma adaptação? Há outros casos similares, em que a professora tem um entendimento próprio do método.

Tendo constatado maior incidência na utilização dos métodos fonéticos, indagamos: Por que, apesar de tão criticados pela linguística e pela psicogenética, os métodos fonéticos parecem favorecer a alfabetização? Uma possível resposta a esta pergunta nos foi dada por Soares (1977), no seu estudo comparativo dos diversos métodos de ensino, de leitura e escrita, quando afirma que:

> "O método fônico sofreu uma acentuada evolução em consequência do avanço da Psicologia e da Linguística. Hoje ele representa características cada vez mais próximas de um processo 'analítico-sintético', em frontal oposição à metodologia empregada nos primórdios de sua aplicação (baseada quase que exclusivamente no processo de síntese)." (p. 13.)

Uma ilustração desse fato é dada pela introdução de frases paralelamente à introdução de fonemas e palavras, ainda na etapa inicial da alfabetização, conforme pudemos observar pelo caderno de planejamento de uma das professoras: a introdução do fonema m se faz pela frase "Vânia é uma boa amiga". (profª S)

De acordo com as contribuições da psicolinguística - entre outros, Ferreiro (1979) e Vilas Boas (1983) -, não há uma correspondência entre a linguagem oral e a escrita, ambas tendo leis e regras próprias.

Exemplo de uma pesquisa | **101**

Quando a professora procura falar como se escreve, ela confunde a criança na medida em que tenta forjar na linguagem oral uma regra que existe na escrita, como no caso da professora A que diz "leite", por exemplo, enfatizando a presença do "i" e pronunciando o "e" final aberto e tônico, ou, ainda, a professora H que diz a um aluno: "Você erra todo dia essa palavra porque você fala errado. Olha só como eu digo ca-der-no." Neste caso, ela exige correspondência entre linguagem falada e escrita.

Esse processo de forjar uma correspondência biunívoca entre fonema/grafema levou, em uma das escolas observadas, as crianças a elaborarem oralmente frases com pronúncia e entonação artificiais, quando foram solicitadas pela professora a inventar uma história:

"Maurí-cio-faz-um-bo-ne-co   de-pre-sen-te-para-o-irmão-zinho." (prof[a] J)

Linguistas e teóricos concluem que alfabetização assim desenvolvida não leva à interpretação e compreensão efetivas, consistindo apenas na incorporação de um mecanismo. No entanto, esta explicação nos parece por demais simplista, não esclarecendo o que de fato ocorre com a criança em fase de alfabetização. Assim, tomando por base a distinção feita por Ferreiro (1979) entre método de ensinar e processo de aprender, colocamo-nos a seguinte questão: O que faz a professora nas entrelinhas do método que emprega e que favorece a aprendizagem da leitura e da escrita?

Esta indagação traz a necessidade urgente de buscarmos compreender qual é o processo de aquisição da leitura e da escrita. A compreensão de como a criança constrói a alfabetização é que pode nos ajudar a entender como - a despeito do método utilizado ou da cartilha adotada - a criança aprende a ler/escrever. A isso denominamos "identificar as entrelinhas do trabalho pedagógico": apesar das aparências e dos métodos empregados, qual a relação estabelecida entre conteúdo/disciplina/afeto e o processo de aprender?

Cabe, também, indagar: Como a professora trabalha a significação ou a importância que tem a leitura para as crianças? Em que medida a função social atribuída pela professora à leitura influencia no processo de alfabetização, a despeito dos métodos empregados?

102 | Anexo

A partir dos depoimentos e situações observadas, pode-se concluir que a prática pedagógica desenvolvida pelas professoras era heterogênea. Havia aquelas que poderíamos identificar como o "estereótipo da professora primária", que seguiam o método à risca, utilizando exercícios mimeografados, cópias, ditados, deveres de casa, convencionalmente conhecidos como da "escola tradicional". Por outro lado, observamos professoras que imprimiam situações dinâmicas e criativas às atividades, fazendo jogos e dramatização, contando histórias, organizando o "clube do livro" ou, ainda, ajudando as crianças a elaborarem o seu próprio livro de histórias. Havia muitas professoras que não poderíamos encaixar em um ou outro ponto, isto é, adotavam uma metodologia mais "convencional", mesclando-a com o incentivo à participação e imaginação das crianças.

A discussão quanto aos métodos utilizados e quanto à própria dinâmica existente nas turmas nos remete a um dos pontos críticos fundamentais da pesquisa: Até que ponto as atividades realizadas favorecem, ou não, as manifestações culturais e vivenciais (incluindo o imaginário) das crianças?

Não chegamos a uma conclusão definitiva, ainda, no que diz respeito a esse aspecto. Pudemos observar atividades que possibilitavam essas manifestações, tais como: invenção de histórias e frases, dramatização, construção de palavras e frases a partir de sílabas escritas em cartolina - mas elas não eram as mais frequentes ou representativas do dia a dia das turmas. Por outro lado, há exemplos onde os objetivos e as situações trabalhadas em nada se relacionavam com a realidade das crianças, cujas diferenças não eram exploradas.

Com relação às tarefas e exercícios que favoreciam, à primeira vista, a criatividade e a expressão infantis, cabe a ressalva de que, em alguns casos, estas atividades eram pouco exploradas, chegando-se mesmo ao esvaziamento do seu significado. Assim é que, por exemplo, numa exploração de gravuras com os alunos, a professora se limitava a indagar: "O que é isso? E isso?"

Em contraposição, encontramos casos em que o imaginário das crianças era ricamente explorado e aproveitado, como no caso da pro-

Exemplo de uma pesquisa | **103**

fessora M, que ajudava as crianças a elaborarem o seu próprio livro de história. O tema, bem como o título da história, "O gafanhoto e o grilo", foi escolhido pelas próprias crianças. As frases que compunham o texto eram também criadas por elas e as ilustrações eram feitas de acordo com a imaginação de cada uma.

Em uma das turmas observadas, tanto o interesse quanto a participação das crianças foram suscitados pela professora em uma conversa, sendo que o assunto era direcionado para o objetivo da aula. O diálogo se desenvolveu no início do dia, quando a professora pediu para as crianças contarem as novidades:

Criança: - Minha mãe comprou um sofá que vira cama.

Profª: - Vamos saber um pouquinho da vida do R...

A criança... foi contando e a professora a incentivava com perguntas para que contasse "mais coisas". Nisso, a atividade foi interrompida pelos "vendedores de rifa" (crianças de outra turma). Quando saíram, a professora pediu para que as crianças contassem a história do amigo, porque "com tanta interrupção, esqueci tudo". As crianças inventaram situações, riram muito, reproduziram até os diálogos. Continuando a atividade, a professora indagou:

- Quem sabe escrever sofá? E cama? E mamãe? (palavra trabalhada na véspera). Quantas conversinhas tem a palavra "mamãe"?

Crianças: - Cinco.

Profª: - Eu não disse barulhinho, eu disse conversinha.

As crianças voltaram a conversar. Em seguida, a professora fez uma série de perguntas, as crianças falavam da vida delas, sobre os nenéns que têm em casa, que conhecem. Da conversa, a professora retirava as palavras que ia escrevendo. Chamava algumas crianças para escrever no quadro (profª A).

Percebemos, então, duas preocupações por parte desta professora: de um lado, com o conteúdo a ser ensinado; de outro, com a sequência e organização do trabalho.

É interessante notar, ainda, que a maior parte das professoras consegue dar aulas para a turma toda e, ao mesmo tempo, atender individualmente as crianças, seja na correção dos trabalhos de casa ou feitos em sala, seja no acompanhamento dos mesmos:

104 | Anexo

"Mandei estudar vocabulário. Quem estudou, levanta o dedo. Vou cobrar umas 'palavrinhas'."

Tomou as lições. As crianças iam uma a uma ao quadro (elas é que pediam) para escrever palavras que a professora ia pedindo. (profª A)

Com o mesmo objetivo, a professora C, sistematicamente, percorria as carteiras quando as crianças terminavam os exercícios e ia fazendo a correção individualmente.

Identificamos, também, uma certa preocupação das professoras em não se concentrarem num aluno em detrimento dos demais. Exemplo disso é a estratégia adotada por elas de se localizarem em um ponto visível da classe para poderem observar a todos, bem como a de arrumarem as crianças na sala de modo que os alunos com mais dificuldades e/ou os "mais bagunceiros" se sentassem nas carteiras da frente ou na fileira central. Por outro lado, na dinâmica de correção dos trabalhos, as professoras mostravam o cuidado de não deixar ociosos aqueles que terminavam primeiro. Como exemplo típico desta preocupação temos o caso da professora M, que solicitava às crianças que apanhassem na estante um livro de história, enquanto ela ajudava os alunos mais lentos na execução das tarefas.

É interessante apontar que o atendimento individual não nos pareceu comprometer a socialização entre as crianças, se bem que é preciso considerar que as regras são impostas pela professora e não construídas pelas crianças. Além da valorização à cooperação que verificamos existir em algumas classes, em outras, as professoras realizavam atividades específicas para esse fim, como no caso da professora A, que propôs uma atividade de "trocar de bem": as crianças explicavam o motivo de suas desavenças e depois, se assim o quisessem, faziam "as pazes", dando um aperto de mão. Na situação observada, toda a turma "torcia" para que duas meninas que estavam brigadas "trocassem de bem", tendo a professora respeitado sua decisão de não "trocar".

Porém, é preciso atentar para o fato de que a atitude das professoras era bastante diferente quando estava em jogo a aquisição de algum conteúdo ou a realização de uma tarefa. Assim, quando uma criança mostra para a outra como escreveu a palavra ditada, a professora a repreende, comentando:

Exemplo de uma pesquisa | **105**

"Se você mostra para ele a resposta, ele não vai aprender a ler." (prof[a] A)

Parece-nos que as professoras não descuidam da interação entre as crianças, fazendo, no entanto, uma distinção entre tal socialização e a importância do trabalho individual para a aprendizagem.

Consideramos que, subjacente ao manejo da professora e à rotina das aulas, há um aspecto fundamental na prática pedagógica no que diz respeito à dinâmica disciplinar e sua relação com o processo de aprendizagem. Um dos nossos pontos críticos refere-se exatamente a esta questão, e as observações realizadas nas classes nos forneceram elementos bastante importantes para uma maior elucidação e ampliação do tema.

É preciso destacar que tratamos a *disciplina* de forma intimamente ligada à *efetividade,* tanto no estudo teórico quanto nas observações e análises dos diários de campo. Através dessas observações e das discussões com a equipe nos foi possível discernir dois tipos de objetivos a que serve a disciplina: manter a ordem, referindo-se aos aspectos morais e à imposição de regras de comportamento, organizar o trabalho e viabilizar a aprendizagem. A descrição e análise das situações encontradas pode permitir que tal distinção se torne mais clara.

Em geral, as professoras procuram manter a disciplina pelo controle estrito das crianças, que se faz por meio de um apelo à organização para a tarefa:

"Quando a turma tiver caladinha, eu vou entregar a 3[a] folha." (prof[a] H)

"Sabe por que está atrapalhando? Porque vocês estão falando enquanto eu falo. E estão comendo letra!" (prof[a] H)

"Não é pra falar. O mal de vocês é que vocês falam demais." (prof[a] E)

Aqui, as professoras parecem julgar essencial à aprendizagem uma certa organização dos alunos. Essa ênfase na organização é incorporada pelas crianças, que, em grande parte das classes observadas, se mostravam concentradas e envolvidas nas atividades. Isto pode ser verificado nos momentos de preparação para as tarefas ou durante a sua realização, tal como nos casos em que, após a explicação do exercício, fica um zum-zum baixo na sala, fruto do trabalho, ou então

106 | Anexo

quando a professora sai da sala e as crianças continuam trabalhando, concentradas.

Um fator que nos parece importante nessa organização é a prática das professoras explicitarem as regras detalhadamente, tanto no caso dos exercícios e tarefas quanto nos momentos de repreensão.

No entanto, a organização era, por vezes, aparente, e as crianças desenvolviam certos "macetes" para corresponder às exigências da professora. No caso de uma turma observada, por exemplo, as crianças limitavam-se a copiar os enunciados dos deveres, fechavam o caderno gritando um "cabei!" aliviado e esperavam a hora da correção para ir resolvendo e ao mesmo tempo copiando as respostas dadas pela professora.

A disciplina, em certos casos, era severa, havendo menção à autoridade da professora: "Minhas ordens são para ser obedecidas" (profa A). Isso também ocorria quando a situação da sala ficava confusa; a professora fazia silêncio e cruzava os braços, esperando a reorganização. Ou, ainda, quando a professora contava até 3 (tempo dado aos alunos para se acomodarem): "1, 2, 3... silêncio!" (profa V)

Existiam também formas de manter a ordem através de ameaças.

Assim, por exemplo, diante de uma criança indisciplinada, a professora diz:

"Vou ser obrigada a pôr gente lá fora." (profa A)

Outras vezes, a ordem era mantida através da punição:

"Levantar... todos! Assim não dá. Vamos ver quem é que vai continuar agora... Cada um tem que tomar conta de sua vida, não da vida dos outros. V..., você ouviu o que acabei de dizer? Deixa a vida do A..." (profa V)

Ou então a professora usava formas carinhosas para buscar a ordem:

"Tudo bem por aí? A família está boa?" (profa W)

"Fala baixinho, senão não dá. Você grita de lá, outro de cá... Tia V... não está gostando desta agitação não." (profa V)

Uma certa mistura de assentimento à autoridade e afeto mostrava-se presente em algumas reações das crianças, como nos momentos em que elas se prontificavam a ajudar a professora. Numa das salas, por exemplo, várias crianças correram para apanhar as tesouras que a professora deixara cair, antes mesmo que ela pedisse ajuda (turma da profª A). Em outra turma, enquanto faz o seu trabalho, uma criança fala: "Vou fazer bem direitinho, senão a tia reclama." (turma da profª C)

Parece que as professoras percebem essa relação, talvez intuitivamente. Uma professora observada durante um ditado, quando uma criança olhou as palavras no caderno de vocabulário, disse: "Olha, L., agora não é hora de olhar, assim você perde a confiança da tia." (profª A)

Em algumas ocasiões, os apelos disciplinares referiam-se a comportamento socialmente desejáveis, mas que aparentemente não estão ligados à aprendizagem, como nas situações seguintes:

"F..., senta bonitinha, perninha para baixo." (profª W)

"A... vai ficar em recuperação para aprender a sentar direito." (profª E)

Houve também referência, em turmas observadas, a aspectos de *religião,* quando a professora apelava para comportamentos desejáveis. Em uma delas, a professora lembrou de uma reflexão feita no "encontro com Deus", um período de meditação que ela fazia diariamente nos primeiros minutos de aula. Neste caso, ela apelava para a importância de valores, como o respeito ao outro. Em outra turma, a professora lembrou a necessidade de "trabalhar duro" para conseguir o que se quer, referindo-se às aulas semanais de religião que eram ministradas por uma professora já aposentada e que ia especialmente à escola para essas aulas. De outra vez, a professora referiu-se ao Dia de Ação de Graças:

"Hoje é Dia de Ação de Graças, é dia de agradecimento. A gente deve agradecer a Deus tudo aquilo que ele nos dá: saúde, o alimento que a gente come... Olha só quanta criança gordinha tem aqui!" (profª E)

Pensamos que algumas análises e questionamentos podem partir das situações descritas, importantes para orientar a continuidade da pesquisa, já que a disciplina mostrou-se rígida e autoritariamente mantida em certas turmas (com ameaça de castigos, por exemplo),

108 | Anexo

trabalhada de forma descontraída e carinhosa em algumas e ambígua em outras.

Algumas professoras recorriam aos aspectos morais, inclusive à religião, para garantir a disciplina. As professoras explicitavam as regras impostas e, em geral, a disciplina era buscada como forma de viabilizar a aprendizagem. Havia um conceito bastante marcado nas professoras sobre a importância do trabalho (a alfabetização), expresso numa prática em que "não podemos perder tempo", e uma grande valorização por parte de muitas sobre seu próprio papel e sobre o conteúdo ensinado.

Colocamo-nos, no entanto, algumas indagações: Até que ponto a religião ou os fatores ligados aos valores morais interferem no sucesso da prática escolar? Como os valores morais se inter-relacionam com os fatores cognitivos?'

As observações nos mostram a interligação entre a importância dada à aprendizagem e à manutenção dos valores morais ou, dizendo de outra forma, entre a disciplina compreendida como manutenção da ordem e como organização para o trabalho. Se constatamos formas diferentes de manter a ordem (mais ou menos autoritária ou afetiva), a ênfase na organização para o trabalho escolar apareceu em quase todas as situações. Da mesma forma, a seriedade com que as professoras encaravam sua tarefa de alfabetizar foi uma característica muito marcante em quase todas. E perguntaríamos: Em que medida esses aspectos (importância atribuída ao seu próprio papel de professora e à organização do trabalho escolar) estão relacionados?

Estas interrogações nos remetem, ainda, à identificação, que as professoras expressam nas conversas, do ensino como missão, pois nos seus depoimentos aparecem aspectos tais como a dignidade e a honra do trabalho do professor. Diz uma professora:

> "Eles pensam que a gente faz mágica? Precisamos desenvolver um trabalho digno. Isso se adquire com experiência. Eu já estou em fim de carreira, mas não paro de me preocupar. O problema está lá fora, na situação econômica e política, mas 'eles' ainda nos atrapalham." (prof.ª C)

Exemplo de uma pesquisa | **109**

Nesse sentido, caberia perguntar: Qual o *compromisso* da professora com o seu trabalho? Como esse compromisso se explicita na sua prática?

Consideramos importante retomar a discussão competência/compromisso técnico-político (Mello, 1982; Nosella, 1983; Saviani, 1983) para elucidar mais esse aspecto, de forma que possamos ter maior suporte para a análise das observações subsequentes. Até o atual momento, parece-nos que há um forte compromisso das professoras observadas com o trabalho que realizam, que não identificamos com o compromisso político a que os autores acima citados se referem, mas que chamaríamos de compromisso profissional.

No âmbito dessa mesma discussão, questionaríamos a distinção que vem sendo feita entre a competência e o amor. Mello (1982) menciona essa suposta distinção quando diz que "as professoras que não sabem o que fazer, amam". As nossas observações nos permitiram concluir, ao contrário, que as professoras "bem-sucedidas" estabelecem relações afetivas muito fortes com os alunos, não apenas porque utilizam expressões no diminutivo ou gestos formais, mas porque cria-se todo um "clima" na sala, construído através de pequenas manifestações de identificação com as crianças, de auxílio no cumprimento das tarefas, do estabelecimento das normas disciplinares e das próprias reações do grupo de crianças.

Ora, na discussão sobre a prática pedagógica o compromisso profissional, a disciplina, a afetividade e a rotina de atividades desenvolvidas convergem para um aspecto que se nos está afigurando como básico: a ênfase dada pelas professoras à aprendizagem e o entusiasmo demonstrado por elas e pelas crianças na aquisição dos conteúdos.

Essa ideia nos foi suscitada por uma série de observações feitas, tais como a situação em que, depois de uma sequência de quatro atividades a partir de palavras escritas em cartões, a professora diz:

> - E agora, o que vocês acham que nós vamos fazer? Como agora a tia vai descobrir se vocês realmente aprenderam as palavrinhas? (Profª A)
> - Ditado, oba, oba, é ditado!

110 | Anexo

Ou em outra situação:

- Ontem aprendemos o 99. Hoje vamos aprender o 100. É muito importante. (profª C)
- Oba, oba!

Ou, ainda, em outro momento:

- Só isso, tia? Ah, tia, passa mais! É tão bom quando passa mais! (turma da profª E)

Cenas como essas nos levaram ao seguinte questionamento: Será que as professoras que observamos (que na sua maioria têm traços marcantes da pedagogia tradicional) não estão utilizando o *desafio* pela aquisição do conteúdo como o móvel das atividades cotidianas? A aparência das situações propostas nos mostra uma forma de ensinar muitas vezes repetitiva, com exercícios mecânicos (alternância constante de cópia/ditado/exercício mimeografado) que em nada se identificaria com a criatividade e a inventividade sugerida pelos "modernos". Mas não será que sob essa rotina, "aparentemente monótona" aos olhos escolanovistas, não estão subjacente um entusiasmo pela aquisição do conteúdo e uma valorização do trabalho escolar que atuam como verdadeiro desafio às crianças?

Como possíveis explicações para a existência dessa postura desafiadora, poderíamos arriscar: ou as características com que, em geral, as professoras tradicionais são descritas são caricaturais e conformam um verdadeiro estereótipo, ou as professoras que observamos combinaram sua formação tradicional com algumas contribuições da Escola Nova.

A importância concedida pelas professoras à aquisição dos conhecimentos aparece, de forma acentuada, conjugada seja ao incentivo à criatividade, seja à aceitação de mecanismos de memorização. Vale destacar, mais uma vez, a maneira clara com que a professora se comunica com as crianças, explicando, descrevendo:

> "Olha o dedinho! Já que vai usar o dedinho, olha para ele, não esconde (nas contas de somar)." (profª C)

Além disso, identificamos um afã de aproveitar o tempo, avançar na matéria e dar um reforço, mesmo sabendo que as crianças já estavam aprovadas. Assim, quando as crianças pedem para colorir a bandeira, a professora diz:

"Só a bandeira. O resto vocês colorem em casa, porque nós temos que aproveitar o nosso tempo juntos." (profª C)

Da mesma forma, uma professora decide continuar as aulas após o teste final de leitura. Ela diz para uma mãe:

"Continua trazendo porque vamos dar mais um reforcinho." (profª C)

Com base nas observações, constatamos que, aliados ao compromisso profissional da professora e não meramente burocrático, ao objetivo de ensinar, à percepção do seu próprio papel como o de garantir a aprendizagem, estavam presentes, na grande maioria das situações por nós observadas, nos diversos tipos de práticas desenvolvidos, o interesse das crianças pelos conteúdos e uma espécie de desafio por aprender.

Conclusões

Embora em caráter bastante provisório, devido principalmente à impossibilidade de maior aprofundamento das questões levantadas nesta fase da pesquisa, a análise da prática pedagógica das professoras alfabetizadoras permite destacar alguns aspectos gerais que merecem atenção sistemática em estudos posteriores.

A inter-relação dos elementos que caracterizam o trabalho pedagógico das professoras foi uma das constatações da presente pesquisa.

Assim, pôde-se verificar que o modo de trabalhar o conteúdo estava intimamente associado às formas de disciplina adotadas, as quais, por sua vez, encontravam-se muito vinculadas às manifestações afetivas da professora, levando, consequentemente, a um interesse e a uma vibração pela aprendizagem. Esses aspectos parecem estar relacionados, por outro lado, ao compromisso identificado nas professoras quanto ao seu papel de ensinar.

112 | Anexo

Outro aspecto bastante sugestivo observado foi a diversidade existente entre os tipos de professora, que se poderia caracterizar como pertencentes à "escola tradicional" ou à "escola renovada". Havia desde aquelas que seguiam mais de perto a cartilha adotada, obedecendo a uma sequência mais ou menos rígida de atividades e interagindo com as crianças de forma mais ou menos autoritária, até outras que desenvolviam atividades bastante criativas e estimulavam a participação e a imaginação das crianças. Observando-se a heterogeneidade desses dois grupos, pode-se concluir pela impossibilidade de identificar um modelo único de professora bem-sucedida.

Julgamos relevante, porém, neste estudo, nossa tentativa de levantar aspectos que ajudem a desvendar fatores ainda obscuros e nos permitam uma maior aproximação desta que vem sendo a grande luta dos educadores brasileiros, pelo menos nos últimos 50 anos: a escola básica destinada às camadas populares. Ao lado da busca por torná-la "de todos" em termos quantitativos, tem-se colocado, cada vez com maior intensidade, a necessidade de conquistar uma melhor qualidade para essa escola, tornando os conhecimentos por ela transmitidos "de todos". Nesse sentido, as observações feitas e as respectivas análises podem-se constituir em subsídio importante para elucidar *por que* e *como* os professores conseguem ensinar, o que esperamos possa contribuir para o delineamento de estratégias de formação de professores.

Referências bibliográficas

FERREIRO, E.; TEBEROSKY, A. *Los sistemas de escritura en el desarrollo del nino.* México: Siglo Veintiuno, 1979.

MELLO, G.N. de. *Magistério de 1º grau:* da competência técnica ao compromisso político. São Paulo: Cortez, 1982.

NOSELLA, P. Compromisso político como horizonte da competência técnica. *Educação & Sociedade,* São Paulo, 5(14):91-7, abr. 1983.

SAVIANI, D. Competência política e compromisso técnico (ou o pomo da discórdia e o fruto proibido). *Educação & Sociedade,* São Paulo, 5(15):111-43, ago. 1983.

SOARES, G.M.R. *Os diversos métodos de ensino da leitura e da escrita:* estudo comparativo. Rio de Janeiro: Papelaria América Ed., 1977.

VILAS BOAS, H. *A teoria linguística como principal fundamento de uma metodologia de alfabetização.* s.l., s.d. mimeo.